리더라면
처칠처럼

리더라면
처칠처럼

윤상모 지음

플래닛미디어
Planet Media

"정치인에게 바람직한 자질은
내일 내주 내달 내년에 어떤 일이 생길지를 예측하는 능력과
그런 일이 일어나지 않았을 때 왜 그것이 일어나지 않았는지를
설명하는 능력을 갖추는 것이다."

●

하원의원 시절, 정치인들이 모든 유권자를 잡기 위해 공적인 일에 대해 애매하게 말하는 것에 대한 논평

"나는 일관성을 지키기보다는 올바르고 싶다."

●

1904년 '보호무역주의'를 내세운 보수당에서 '자유무역주의'를 주창하는 자유당으로 당적을 옮긴 뒤, 1924년 소련에 대한 자유당의 내분으로 당이 붕괴하자 다시 보수당으로 당적을 옮긴 자신의 결정에 대해 설명한 말

"멀리 되돌아볼수록 더 먼 미래를 볼 수 있다."

●

1920년대 친구에게 보낸 편지에서 한 말로, 통찰력을 키우기 위해서는 지난 역사의 교훈을 바탕으로
'역사적 상상력(historical imagination)'이 필요하다는 의미

"내가 바칠 수 있는 거라고는 피와 노고, 눈물 그리고 땀밖에 없다."

1940년 5월 13일 수상 취임 직후 하원에서 한 연설 중에서

"나는 행동에 옮기는 것을 걱정한 적이 없다.
행동하지 않는 것을 걱정할 뿐이다."

●

제2차 세계대전 초기, 정부와 의원들이 독일에 대해 적극적으로 행동하지 않는 것을 두고 한 말

"인정받는 지도자라면 무엇이 최선인지를 확실히 알아야 한다.
아니면 적어도 무엇을 최선으로 생각해야 하는지
마음속으로 결정하고 있어야 한다."

●

1949년 야당 정치인 시절, 지도자는 늘 마음속에 최선의 길을 염두에 두고 살아야 한다는 것을 강조한 말

"성공이란 실패에 실패를 거듭하면서도 열정을 잃지 않는 것이다."

처칠 자신도 여러 번 실패를 경험했지만 포기하지 않으려는 열정이 있었기에 성공할 수 있었음을 강조한 말

"용기는 인간이 지닌 첫 번째 자질로 평가되어야 한다.
그 하나가 다른 모든 자질을 보증하기 때문이다."

●

실패에 대한 불안, 패배에 대한 불안을 이겨내는 것이 '용기'가 가지는 위대한 힘이라는 것을 강조한 말

리더의 뜻을 사전에서 찾아보면 "조직이나 단체에서 전체를 이끌어가는 위치에 있는 사람"이라고 되어 있다. 리더라고 불리는 사람들은 우리 주위에 많이 있다. 대통령, 도지사, 시장, 대기업 회장, 군 장성, 대학 총장 등 큰 조직을 이끄는 사람들부터 중소기업 사장, 관공서의 부서장, 학생 회장 등 작은 규모의 대표자도 있다. 학교의 동아리 모임, 친목 단체모임, 아파트의 부녀회 등에서도 그 대표자를 리더라고 부른다. 구성원의 수가 많은 단체나 조직의 대표만이 리더가 아니다. 팀원이 5명인 부서의 팀장, 직원이 3명인 소기업의 사장, 배달원 2명을 둔 치킨집 사장, 알바생 한 명을 둔 편의점 사장, 일인 기업의 사장 등 이들 모두가 리더다.

리더라고 불리는 수많은 사람들 중에서 우리가 배우고 따르고 싶은 사람은 과연 몇 퍼센트쯤 될까? 내가 만약 리더의 위치에 오른다면 '올바른 리더'가 될 수 있을까? 리더십과 관련된 책은 이미 많이 나와 있다. 하지만 지금도 리더십을 위한 책이 계속 출간되고 있는 이유는 무엇일까? 시시각각으로 변해가는 현대 사회에서 미래를 이끌어나갈 리더의 책임과 역할이 그만큼 중요하기 때문이다.

우리는 1997년 IMF 위기를 잘 넘겼다고 자축했지만 2008년 금융위기는 사회 전체의 경제난으로 이어지고 있다. 기업체의 대규모 감원, 청년들의 구직난, 자영업자들의 잦은 창업과 폐업, 고용 상태가 불안한 비정규직 문제 등 사회 곳곳에 문제가 산재해 있다. 방송과 신문 보도에 빠지지 않고 등장하는 대기업과 고위 공직자들의 비리 기사는 보통 사람들에게 분노를 넘어 자괴감마저 들게 한다. 우리는 또 우리에게 묻는다 "이 어려운 시기에 누가 우리를 바른 길로 인도할 것인가?"

나는 이 질문의 대답으로 "처칠에게 배우자"라고 자신 있게 말할 수 있다. 엄마도 아빠도 찾아오지 않는 학교 기숙사에서 외롭게 살며 게으르다는 이유로 피가 철철 흐를 때까지 회초리로 매를 맞던 7살 어린이, 라틴어·그리스어 시험에 매번 낙제해서 하급반에서 영어만 3년간 공부한 뒤 영어의 달인이 된 소년, 40도의 살인적인 더위 속에서도 독서하며 고전에 심취했던 20대의 초임 장교, 총알이 어깨를 스치던 전쟁터를 용감히 누비던 종군기자, 죽음의 고비를 넘기며 포로수용소를 탈출한 전쟁영웅, 자신의 신념을 지키기 위해 정치 생명을 걸고 두 번이나 당적을 바꾼 정치인, 제1차 세계대전 중 패전의 책임을 지고 계급을 낮춰 자원 입대한 장관, 제2차 세계대전이 발발하여 모두가 포기한 전쟁에서 홀로 전쟁을 이끌던 노년의 수상. 이런 처칠의 모습에서 우리가 리더십을 갖추기 위해서 무엇을 생각하고 어떻게 결정하고 행동해야 하는가를 배울 수 있다.

30여 년 전 내가 초등학교를 다닐 때 반에서 아무도 시비를 걸지 못하게 하는 두 가지 방법이 있었다. 공부를 아주 잘하거나 싸움을 아주 잘하면 되었다. 공부를 잘하면 반장이나 부반장이 되었고, 키가 크고 싸움을 잘하면 선도가 되었다. 나는 싸움보다는 공부에 소질이 있는 편이어서 반장 또는 부반장이 되었다. 그때의 반장은 학생들을 대표하는 역할보다는 선생님이 교실에 안 계실 때 선생님을 대신해서 반 아이들을 지도하고 통제하는 게 주된 역할이었다. 반장에게 이름이 적히면 그 아이는 화장실 청소를 한다거나 복도에서 손을 들고 서 있어야 했다. 당시에는 그런 분위기가 자연스럽고 당연하게 여겨지던 때였다.

반장·부반장의 출마 요건에는 불문율이 있었다. 반장은 언제나 남자이고 성적이 반에서 1등이어야 한다. 부반장은 남자 1명과 여자 1명 이렇게 2명으로 정해졌다. 학기 초가 되면 5학년과 6학년 각 반의 반장과 부반장이 모여 전교회장과 부회장을 선출했다. 무기명 투표였지만 대충은 누가 될지 알고 있었다. 반장 중에서 성적이 전교 1등인 사람이 회장, 여자 부반장 중에서 성적 1등이 부회장이었다. 말 그대로 '성적지상주의', '남성우월주의'의 전형적인 방식이었다. 반장, 부반장, 회장, 부회장은 하나의 권력이었다. 선생님들도 이들에게 어느 정도 권한을 위임했고 아이들을 감시하고 통제하는 데 이들을 활용했다.

나는 고3이 되었을 때 등록금이 없고 공짜로 먹여주고 재워주고 옷도 주는 대학이 있다는 말을 친구에게서 들었다. 그 대학을 졸업하면 바로 취직을 해서 돈도 많이 벌 수 있다고 했다. 가정 형편이 넉넉지 않았던 나는 그 대학을 주저 없이 선택했다. 그러나 내가 한 가지 몰랐던 사실이 있었다. 내가 선택한 학과가 해군사관학교와 시스템이 유사하다는 사실이었다.

입학 첫날부터 2주간의 '적응 기간'이라 불리는 '내무훈련'을 받았다. 훈련교관들은 모두 4학년이었다. 훈련교관들은 해병대 교관들처럼 빨간색 팔각모를 눈이 보이지 않도록 눌러쓰고 손에 닿으면 베일 것같이 날이 선 카키색 군복을 입고 있었다. 나는 사관학교 입학생의 신분전환 교육과 군대의 신병 훈련을 섞어놓은 것 같은 훈련을 받았다. 훈련을 마친 후 학교 생활을 할 때도 6시에 기상해서 군가를 부르며 단체 구보를 했다. 자기 전에는 기숙사에서 군대식으로 인원 점검, 청소 점검을 받았다. 주말에 한 번 학교를 벗어날 때는 흰색과 검은색 제복을 계절에 맞게 바꿔 입었다. 입학하자마자 해군 ROTC(학군사관후보생) 신분이라 선배에게 거수 경례를 했다. 매주 목요일마다 학군단장인 현역 해군대령 앞에서 M16 소총을 들고 줄 맞춰 퍼레이드를 했다.

제복을 입고 기숙사에서 단체 생활을 한 동기는 50명씩 8개 반, 총 400명이었다. 8개 반의 대표는 소대장으로 불렸다. 입학 성적이 반에서 1등인 동기가 소대장으로 정해져 있었다. 중대장, 대대장, 연대장은 4학년 중에서 선출 혹은 지원해 임명되었다. 물론 어느 정도 이상의 성적이 되어야 동기간에 뒷말이 없었다. 각 반의 소대장은 매일 아침저녁으로 자기 반 학생들의 인원을 보고하고 위에서 순차적으로 내려온 지시사항을 동기생들에게 전달하는 일을 했다. 이렇게 초·중·고, 대학까지 내가 어릴 적부터 경험하고 느껴왔던 것들이 고정관념처럼 굳어져 대표자, 즉 '리더'를 성적이 우수한 사람 중에서 최종 결정권자를 대신하는 중간 관리자 혹은 위임자로 인식하게 되었다.

대학을 졸업하고 해운회사를 거쳐 무역회사에 들어갔다. 컨테이너선 같은 대형 선박에 필요한 기계 부품을 수출하는 회사였다. 2004년 말 갑자기 회사로부터 내가 속한 부서를 정리한다는 통보를 받았다. 나는 '같이 근무하던 직원들과 창업을 하느냐 혼자라도 경쟁회사로 이직을 하느냐' 하는 고민에 빠졌다. 많은 고심 끝에 같이 일하던 직원들과 창업하기로 결정했다. 나의 마지막 직책은 해외영업팀장이었다. 보통 과장 또는 부장으로 불리던 직책이었다. 나는 과장에서 사장으로 고속 승진한 셈이었다. 그때 내 나이는 36살이었다.

졸업 후 처음 만난 고등학교 친구가 가업을 물려 받았냐고 물었다. 나는 전혀 준비가 안 된 CEO였다. 거래처에서 사장을 찾는 전화를 받으면 "접니다" 하는 소리가 목 안에서 맴돌았다. 내가 사장으로 불리는 게 어색하고 불편했다. 더욱 중요한 사실은 영업 외에는 아무것도 모른다는 것이었다. 나를 포함해서 남자 둘 여직원 둘이 시작한 소기업이었기 때문에 4명이 영업, 구매, 납품, 회계를 하나씩 분담해서 일을 처리했다. 하지만 사장은 전체 일을 알아야만 어느 한 분야라도 문제가 생겼을 때 바로 결정하고 문제를 해결할 수가 있다. 그러나 나를 가르쳐줄 상관이나 조언자가 없었다.

나는 내가 모르던 분야를 혼자 묻고 공부했다. 특히 어떤 일을 결정해야 할 순간에 '어떻게 하는 게 사장으로서 잘 하는 결정일까?' 하는 문제에 부딪히곤 했다. 그때부터 막 생기기 시작한 인터넷 서점을 통해서 제목에 '사장'이라는 글자가 들어간 책을 사서 읽기 시작했다. 공병호 작가의 『사장학』, 홍의숙 작가의 『사장이 직원을 먹여 살릴까 직원이 사장을 먹여 살릴까』, 홍하상 작가의 『이병철 경영대전』, 마쓰시다 고노스

케松下幸之助 회장의 『경영의 마음가짐』 등등 20여 권의 책들을 닥치는 대로 읽었다. 이 책들의 공통된 결론은 리더십이었다.

리더십으로 주제를 옮겨 책을 보던 중에 윈스턴 처칠Winston Churchill의 외손녀인 실리아 샌디스Celia Sandys와 작가 조너선 리트먼Jonathan Littman이 공동으로 집필한 『우리는 결코 실패하지 않는다』를 읽게 되었다. 부제는 "돌파의 CEO 윈스턴 처칠"이었다. 보통 처칠 하면 한국인들은 중절모에 시가를 입에 물고 손가락을 '브이' 자로 한 채 군중에게 답하는 인자한 할아버지의 모습을 떠올린다. 처칠에 대해서 좀 더 상세하게 알기 위해 국내에서 출간된 처칠에 관한 거의 모든 책을 읽었다. 출생부터 제1차 세계대전과 제2차 세계대전을 거치며 영국의 수상이 되기까지의 과정을 살펴보았다.

사람들은 자신의 꿈을 포기하게 된 이유를 흔히 "부모님에게서 물려받은 재산이 없어서", "부모님이 일찍 돌아가셨거나 화목한 가정에서 자라지 못해서"라고 말한다. 또 어떤 이는 "외모에 자신이 없거나 특정한 장애가 있어서", "건강이 좋지 못해서", "학벌이 좋지 못해서", "자신을 밀어줄 든든한 친구가 없어서"라고 말한다. "꿈을 이루기에는 너무 늦은 나이라서 포기했다"고 말하기도 한다. 처칠은 사람들이 말하는 이런 악조건을 모두 가지고 있었다. 40대에 돌아가신 아버지는 빚만 물려주었다. 아버지와 어머니는 결혼하고 얼마 후부터 각자 생활하며 어린 처칠을 제대로 돌보지 않았다. 167cm의 작은 키에 못생긴 얼굴, 툭하면 빠지는 어깨뼈, 구부정한 허리로 살았으며, 우울증과 폐렴은 평생 동안 계속되었다. 최종 학력은 고졸이며 친구들로부터 언제나 따돌림의 대상이 되었다. 하지만 처칠은 대부분의 정치인이 은퇴할 나이인 65세에 자신의 꿈이었던 수상에 취임한다.

처칠을 보면서 내가 생각했던 리더의 개념은 잘못된 것이었음을 알게 되었다. 나는 처칠의 드라마와 같은 인생역정을 보면서 처칠을 나의 '롤모델'로 정했다. 처칠은 본격적인 정치를 하기 전에 다양한 경험을 했다. 육군 장교, 종군기자, 해군부 장관, 기업경영인, 고위공무원을 역임했다. 처칠은 언제나 바른 리더가 되기 위해 노력했고 모든 분야에서 훌륭한 리더십을 발휘했다. 경영의 신으로 불리는 마쓰시다 고노스케, 일본 벤처의 신화 손정의, 현대 경영의 롤모델 빌 게이츠Bill Gates는 손무孫武의 『손자병법』을 탐독하고 '손자병법'을 회사 경영에 접목시켰다. 처칠의 리더십에 매료된 나는 '처칠 방식의 경영 리더십'을 회사 경영에 접목시켜보았다. 그 결과 창업 첫해 매출 10억을 달성했다.

처칠과 관련된 책을 읽고 그의 연설을 동영상으로 보면서 언젠가는 처칠의 참모습과 그에게서 배워야 할 불굴의 의지, 진정한 리더십을 사람들에게 알려주고 싶다는 소망을 품었었다. 그 소박한 소망의 결실이 10여 년 만에 이루어졌다. 이 책은 처칠이라는 이름을 들어는 봤지만 자세히는 모르는 사람들을 위한 책이다. 처칠이 모든 리더의 롤모델이 될 수는 없다. 하지만 140여 년 전에 태어난 처칠이라는 인물의 삶을 들여다보면, 분명 지금의 우리에게 요구되는 리더의 참모습을 각자의 위치에서 한 가지 이상은 발견할 수 있을 것이라고 생각한다.

처칠은 나의 보이지 않는 스승이었다. 그는 독서가 왜 중요한지를 알려주었다. 책장에만 모셔두었던 고전과 역사책을 다시 꺼내 읽게 만들었다. 글쓰기를 통해 세상을 다르게, 넓게, 여유 있게 바라보게 해주었다. 나의 생각과 관점으로 처칠에 대한 책을 쓰기 시작한 지 꼬박 1년이 걸렸다. 내가 이 책을 통해 말하고 싶은 것은 처칠과 관련된 사실의 나열이 아니다. 내가 처칠에게서 배웠고 감명받았던 장면을 내가 만날 수 없는 사람들에게도 전하고 싶었다. 나의 첫 책 『리더라면 처칠처럼』이 나오게 된 것은 나의 정신적 멘토가 되어준 윈스턴 처칠 덕분이다. 처칠이 보여준 리더십과 연설, 그리고 그의 글들이 이 책을 쓰게 만든 원동력이자 바탕이었다.

처칠에 대한 연구는 다른 분야의 다른 인물에 대한 연구로 이어졌다. 이런 독서와 연구들이 계기가 되어 '다른생각연구소'의 간판도 올리게 되었다. 책을 쓰고 연구소를 설립하는 동안 아낌없는 조언을 해주신 나의 글쓰기 스승 기성준 작가님, 함께 책을 보고 토론하며 신선한 영감을 준 미라클팩토리의 안병조 작가님과 진가록 작가님, 마지막 페이지까지 꼼꼼하게 교정을 도와준 정효평 작가님께도 감사의 마음을 전한다. 끝으로 나의 글이 한 권의 책으로 태어날 수 있도록 기회를 주시고 다듬어주신 도서출판 플래닛미디어 김세영 대표님께 감사드린다.

2018년 5월

윤상모

차례

PART 1
리더의 시작

처칠은 하원의원을 시작으로 재무부 장관까지 자신의 롤모델인 아버지의 길을 거의 똑같이 따라가면서 자신만의 길을 창조했다. 처칠이 자신의 롤모델인 아버지에게서 배운 것은 '소신'이었다. 처칠은 아버지에 대한 세상 사람들의 평가가 아니라 아버지가 지키고 싶어했던 소신을 더 중요시했다. 처칠은 자신이 옳다고 믿는 것에 대해서는 어떠한 비난과 회유에도 소신을 꺾지 않았다.

1. 리더의 롤모델 : CNC 법칙

● "제 롤모델은 아버지입니다"

성공한 사람들의 전기를 읽어보면 대부분 자신이 닮고 따라 하고 싶어 하는 사람이 있다. 우리는 그것을 우상偶像 또는 롤모델role model이라고 부른다. 처칠이 처음에 닮고 싶어했던 인물은 역사 속의 영웅들이었다. 로마사, 영국사 등을 읽으며 한니발Hannibal Barca, 카이사르Gaius Julius Caesar, 넬슨Horatio Nelson 같은 전쟁영웅들에게 매료되었다.

처칠이 육군사관학교를 졸업할 무렵 처칠의 아버지는 갑작스럽게 정치계에서 은퇴하고 이어진 병마로 생을 일찍 마감하게 된다. 이때 처칠은 아버지처럼 하원의원이 되고 장관이 되어 그의 자랑스런 아들로서 아버지의 명예를 드높이겠다는 꿈을 갖는다. 처칠은 아버지 랜돌프 처칠Randolph Churchill 경을 자신의 마지막 롤모델로 삼았다. 처칠은 정치에만 몰두한 아버지와는 어릴 적부터 떨어져 지냈다. 서로 대화를 나눈 것은 몇 번밖에 되지 않았지만 처칠은 아버지와의 대화를 거의 다 기억했다.

처칠은 그저 꿈만 꾼 것이 아니라, 그 꿈을 이루기 위해 하나씩 실천해나갔다. 군대에서 전쟁터를 찾아다니고 또 종군기자가 되어 전장을 누빈 이유도 하원의원이 되기 위한 준비였다. 처칠이 젊었던 시절의 영국은 전 세계에 식민지를 가지고 있었다. 그만큼 각 지역에서 영국에 대항하는 반정부군과의 전쟁이 끊이지 않았다. 처칠은 빨리 유명해지기 위한 방법으로 전쟁터를 택했다. 전투 경험을 글로 기록해 신문에 기고하면서 더 많은 사람들에게 윈스턴 처칠이라는 이름을 알리게 되었다.

여러 전투에 참여하고 영국으로 돌아와 몇 번의 선거에 도전하지만 낙선하자 남아프리카의 보어 전쟁Boer war에 종군기자로 참전했다. 이때 다수의 아군을 구했지만 보어군에게 포로로 잡힌다. 처칠은 죽을 고생을 다하며 탈출에 성공하여 국민적인 영웅이 된다. 그로 인해 많은 인기를 얻게 되었고 선거에서도 무난히 승리하게 되었다. 당시의 한 신문은 삽화와 함께 처칠을 이렇게 소개했다.

랜돌프 처칠 경의 빛나는 아들로서 군인이자 정치가이며 종군기자이자 소설가인 25세의 젊은이
(LORD RANDOLPH CHURCHILL'S BRILLIANT SON, SOLDIER, POLITICIAN, WAR CORRESPONDENT AND NOVELIST AT TWENTY-FIVE)

처칠은 하원의원을 시작으로 재무부 장관까지 자신의 롤모델인 아버지 랜돌프 처칠 경의 길을 거의 똑같이 따라가면서 자신만의 길을 창조했다. 처칠은 아버지를 롤모델로 삼아서 하원의원이 되었고 재무부 장관을 역임했다. 더 나아가 내무부 장관, 해군성 장관직도 수행했으며, 영국 정치인으로서는 가장 높은 직책인 수상에 두 번이나 올랐다.

처칠이 자신의 롤모델인 아버지 랜돌프 처칠에게서 배운 것은 '소신所信'이었다. 랜돌프 처칠은 자신의 소신에 따라 뜻을 달리하던 수상과 결별하고 정치계에서도 은퇴하게 된다. 물론 랜돌프 처칠의 정치 활동과 사인死因에 대해서는 의견이 분분하다. 처칠은 아버지에 대한 세상 사람들의 평가가 중요한 것이 아니라, 아버지 랜돌프 처칠이 지키고 싶어했던 소신을 더 중요시했다. 처칠은 자신이 옳다고 믿는 것에 대해서는 어떠한 비난과 회유에도 소신을 꺾지 않았다.

1930년대 정치계 일선에서 물러나 있는 동안 독일의 전쟁 준비를 영국 국민과 정부에 지속적으로 알렸다. 처칠은 전쟁을 회피하고 싶어하는 사람들로부터 '전쟁광戰爭狂'이라는 모욕적인 말을 들으면서도 독일의 침략에 대비해야 한다고 호소했다. 처칠은 자신의 생각을 믿고 여러 경로를 통해 독일에 대한 정보를 개인적으로 수집했다. 이러한 처칠의 소신에 따른 준비는 그가 수상이 되고 영국이 독일의 침공을 받았을 때 전쟁을 침착하게 수행할 수 있었던 가장 큰 원동력이었다.

● CNC 법칙 – Copy and Create

에란 카츠Eran Katz가 쓴 『천재가 된 제롬』에는 모방과 개선을 통해 새롭게 창조한 사례를 소개하고 있다. 70년 동안 일회용 반창고의 색깔은 언제나 한 가지 색뿐이었다. 한 청년이 아무도 신경쓰지 않은 단순한 사실에 의문을 품었다. '왜 일회용 반창고는 항상 백인 피부색에 잘 맞도록 크림색일까? 왜 흑인을 위한 검은색 반창고는 만들지 않았을까?' 그

청년의 단순한 호기심이 다양한 색깔의 반창고를 만들어냈다. '왜 사람들은 케첩 몇 방울을 쓰려고 할 때마다 유리병 바닥을 두들겨야 할까?'라는 생각이 플라스틱 용기를 만들어냈다. 에란 카츠는 이러한 것들을 "창조적인 모방"이라고 불렀다. 그 밖에 또 다른 창조적 모방의 예를 열거하면, 가정용 컴퓨터를 모방한 노트북, 갈대 매트를 모방한 매트리스, 마차를 모방한 자동차, 대문을 모방한 자동문 등이 있다.

유대인은 안식일에 아무것도 하지 않고 기도와 휴식으로 하루를 보낸다. 심지어 이집트가 침공을 했을 때 안식일이라는 이유로 싸우지 않아 많은 희생자가 발생했을 정도로 철저하게 안식일을 지킨다. 일주일의 일곱 번째 날인 안식일의 개념을 처음 받아들인 것은 바벨인들이었다. 바벨인들의 안식일은 우울한 날이었다. 일곱 번째 날에는 일하는 것이 금지되었고, 자신의 죄를 생각하며 비통해하고 슬퍼하며 신들에게 용서를 구하는 날이었다. 그러나 유대인들은 안식일의 의미를 다르게 받아들였다. 일주일간의 일상에서 벗어나 가족과 함께하며 쉬는 날로 정해서 안식일의 개념을 긍정적이고 기쁜 날로 바꾸었다. 유대인들은 바벨인의 안식일을 모방했지만 창조적으로 변화시켜 자신들의 종교와 접목시켰다.

에스티 로더Estée Lauder는 백화점의 시식 코너를 모방했다. 음식을 조금씩 맛보게 하는 시식 코너처럼 향수 샘플을 작은 병에 담아 사람들에게 나누어주었다. 화장품 판매상으로 출발한 에스티 로더는 샘플 마케팅의 성공으로 화장품 왕국의 여왕이 될 수 있었다.

골프 초보자를 위한 연습장에는 거의 다 타이거 우즈Tiger Woods가 스윙

하는 사진이 있다. 스윙폼을 연속동작으로 찍은 사진이다. 타이거 우즈가 골프채를 잡고 공을 치기 위해 서 있는 옆모습 사진도 있다. 그 사진에는 등의 각도, 팔의 각도, 무릎의 각도까지 상세하게 설명되어 있다. 그 이유는 타이거 우즈가 미국 프로골프대회에서 골프계의 전설로 불리는 잭 니클라우스Jack Nicklaus와 아놀드 파머Arnold Palmer보다 더 많은 우승컵을 들어올린 선수이기 때문이다. 즉, 타이거 우즈의 스윙폼을 똑같이 따라만 해도 대단한 선수가 될 가능성이 크다는 결론이다. 처음엔 타이거 우즈의 스윙폼을 따라 해보고 어느 정도 스윙폼이 비슷해지고 안정된 스코어가 나오면 나의 체격 조건에 맞는 방식으로 변형하면 된다. 그러면 완벽하게 나만의 방식으로 재창조된 스윙폼을 완성할 수 있다.

롯데 자이언츠의 박정태 선수는 특이한 타법으로 유명했다. 박정태는 투수가 공을 던지기 위한 준비 동작을 할 때부터 온몸을 앞뒤로 흔들기 시작한다. 왼손은 투수 쪽을 향했다 배트를 쥐었다를 반복한다. 그래서 붙여진 이름이 '흔들타법'이다. 보통의 타자들은 배트는 수직으로 고정시키고 앞다리를 들었다가 내디디며 치는 스트라이드stride 타법을 사용한다. 체중 이동이 쉽고 비교적 정확한 타이밍에 공을 칠 수 있기 때문이다. 하지만 박정태의 스윙폼은 정석과는 완전히 거리가 멀었다. 박정태가 처음부터 이런 이상한 타법을 쓴 것은 아니었다. 박정태도 야구를 시작한 초등학교 시절에는 정석대로 스윙을 했다. 박정태는 키가 작고 체력이 좋지 못해서 큰 키의 강속구를 던지는 투수에게는 약점을 보였다. 타자에게는 날아오는 공을 정확히 치는 타이밍이 가장 중요하다. 그리고 그 타이밍에 자신의 체중을 배트에 실어야 타구가 멀리 날아간다.

박정태는 수천 번의 스윙 연습을 하면서 자신만의 흔들타법을 만들어 냈다. 박정태는 그 괴상망측한 타격 폼으로 통산타율 2할9푼6리를 기록했다. 이 기록은 2011년까지 은퇴한 2루수 출신 중에서 가장 높은 타율이다. 김용희 전 롯데 감독은 어린이들이 절대 배워서는 안 되며 자신이 볼 때도 좋은 폼이 아니라고 말한다. 야구 초보자들이 배워야 할 점은 박정태의 '흔들타법'이 아니라 자신만의 타법을 만들어낸 박정태의 피나는 훈련 그 자체다. 처음에는 정석대로 배워야 하고 끊임없는 연습을 통해서 자신의 체격 조건에 맞는 타법을 발견하면 된다.

처칠이라는 한 사람에 대해서도 역사학자가 본 처칠, 군인이 본 처칠, 정치가가 본 처칠이 다르다. 미국인이 본 처칠, 인도인이 본 처칠이 다르고 남아프리카 보어인이 본 처칠, 아일랜드인이 본 처칠이 다르다. 우리는 그 다양한 평가들 중에서 우리가 배워야 할 점만 골라내면 된다. 사람은 누구에게나 장단점이 있기 마련이다. 우리가 자신의 시간을 쪼개서 어느 위대한 사람에 대한 전기를 읽는 이유는 그 사람의 단점을 찾아내 세상에 알리기 위함이 아니다. 내가 발전하기 위해서는 누구를 나의 '롤모델'로 삼을 것인가를 정해야 한다. 그 사람의 배울 점을 따라 해보면서 나에게 적합한 나만의 방식을 만들어가면 된다. 나는 이것을 'CNC 법칙'이라고 이름을 붙였다.

CNC 법칙 - Copy and Create

1. 내 인생의 목표에 도움이 될 만한 인물을 나의 롤모델로 정한다.

2. 일정 기간 나의 롤모델을 똑같이 따라 해본다.

3. 어느 정도 롤모델과 비슷해진 시점이 오면, 나만의 방식으로 나에게 적합한
   방법으로 나만의 삶을 창조한다.

먼저 나의 목표를 정한다. 그 목표에 어울리는 자신만의 롤모델을 정한다. 피겨스케이팅 선수가 되는 게 자신의 꿈이고 김연아 선수를 롤모델로 정했다면 김연아의 모든 것을 연구해야 한다. 막연하게 '김연아처럼 훌륭한 선수가 되고 싶다'는 꿈만 꾼다면 절대로 김연아 같은 선수가 될 수 없다. 김연아는 어떻게 연습했는가? 실패나 좌절을 맛보았다면 어떻게 극복했는가? 모든 것이 김연아와 비슷해졌다고 생각될 무렵이면 새롭게 창조된 자신만의 기술과 연기가 나온다.

메이슨 커리Mason Currey는 자신의 저서 『리추얼』에서 지난 400년간 위대한 창조자 161명이 어떻게 살았는가를 소개했다. 리추얼ritual은 종교의식같이 똑같이 반복되는 삶의 태도를 말한다. 메이슨 커리는 우리가 존경하는 소설가, 시인, 화가, 철학자, 과학자, 영화감독들이 자신만의 생활 패턴이 있었음을 발견했다.

독일 철학을 대표하는 칸트Immanuel Kant는 고향인 쾨니히스베르크Königsberg를 벗어난 적이 없다. "칸트가 잿빛 코트를 입고 집 밖을 나오면 동네 사람들은 정확히 3시 30분이 되었다는 것을 알았다"는 이야기는 너무나 유명하다.

미국으로 이민 온 아인슈타인Albert Einstein의 생활은 단순한 일상의 반복이었다. 9시부터 10시까지 아침 식사를 하며 일간지를 정독했고 10시 30분에 연구소로 향했다. 오후 1시까지 연구를 하고 집으로 돌아와

점심과 낮잠을 즐겼다. 오후에 연구를 하고 방문객을 만나고 편지를 정리했다. 6시 30분에 저녁을 먹고 다시 연구를 했다.

피카소Pablo Picasso는 평생 동안 늦게 잠자리에 들고 늦게 일어났다. 오후 2시쯤 작업실로 들어가 해가 질 때까지 작업에 몰두했다. 피카소는 유명해진 이후로 시도 때도 없이 찾아오는 손님들 때문에 작업에 방해를 받자 일요일을 '초대의 날'로 정했다. 일요일 하루만 방문객을 맞았다. 피카소는 "그날 오후에 우정의 의무를 그런대로 해결할 수 있었다"고 말했다.

모짜르트는 아침 6시부터 밤 11시까지 매일 짜여진 일정표대로 살았다. 짜여진 일상에서도 아침과 저녁에 작곡을 게을리하지 않았기에 위대한 곡들을 남길 수 있었다.

만약 작가를 꿈꾸고 있다면 위대한 작가들이 어떻게 글을 썼는가를 살펴보면 도움이 된다. 구두쇠 스크루지 영감으로 유명한 『크리스마스 캐럴』의 찰스 디킨스Charles Dickens는 매일 같은 일상을 반복했다. 디킨스는 7시에 일어나 8시에 아침 식사를 하고 9시에 서재에 들어가서 오후 2시까지 글을 썼다. 평균 2,000단어를 썼고 글이 잘 써지는 날에는 두 배 이상의 글을 썼다. 글이 써지지 않는 날에는 서재에서 창 밖을 멍하니 보면서 시간을 보냈다. 정각 2시가 되면 서재에서 나와 시골길이나 런던 거리를 걸으며 작품 구상을 했다. 그는 정확히 3시간 동안 산책했다. 집에 돌아온 디킨스는 가족과 시간을 보내고 자정에 잠자리에 들었다.

『동물농장』과 『1984』의 작가 조지 오웰George Orwell은 서점에서 일을 하며 글을 썼다. 서점이 한가한 시간에 짬을 내서 매일 아침과 오후에 4

시간가량 글을 썼다.

『변신』을 쓴 프란츠 카프카Franz Kafka는 체코 프라하Praha의 근로자재해보험국에서 일하는 평범한 직장인이었다. 일반 직장인들처럼 아침 8시에 출근했다. 퇴근 후에는 산책이나 운동을 1시간 정도 하고 저녁을 먹었다. 카프카는 부모님 그리고 누이들과 함께 아파트에서 살고 있었다. 집은 좁고 늘 시끄러웠다. 그래서 모두가 잘 시간에 글을 써야 했다. 11시경에 시작해서 새벽 1시나 2시까지 글을 썼다. 글이 잘 써지는 날에는 새벽 3시나 6시까지 쓰는 날도 있었다. 무라카미 하루키村上春樹는 새벽 4시에 일어나 대여섯 시간 동안 글을 쓴다. 오후에는 달리기나 수영을 한다. 때로는 책을 읽거나 음악을 듣는다. 저녁 9시가 되면 침실로 간다. 하루키는 자신의 생활 패턴을 유지하기 위해 시골에 살며 방문객을 사절하고 인터뷰도 거의 하지 않는다.

위대함은 하루아침에 이루어지지 않는다. '일만 시간의 법칙' 또는 '10년의 법칙'은 매일 같은 일의 반복 없이는 불가능하다. 사람은 누구나 집중이 잘 되는 시간이 있다. 그 시간이 새벽일 수도 있고 저녁일 수도 있다. 아침이나 오후일 수도 있다. 같은 일의 반복을 위해서는 체력이 중요하다. 따라서 가벼운 산책이나 운동도 게을리 하지 않아야 한다. 규칙적인 식생활을 지켜야 한다. 겉으로 보이는 위대함 뒤에는 언제나 사소한 일상의 반복이 있었다. 자신의 꿈을 위해 위대한 사람들을 닮고 싶다면 그들의 삶 중에서 자신에게 가장 잘 맞는 방법을 골라 따라해보면 된다. 따라 해보면서 나만의 삶의 패턴을 만들면 된다. 그것이 'CNC 법칙'이다.

● 롤모델 윈스턴 처칠

내가 직장 생활을 할 때 맡은 분야의 계획을 수립해서 의견을 올리면 사장이나 이사가 결정된 지침을 내려보냈다. 그 지시 사항을 충실히 이행하면 일을 잘하고 있다고 인정을 받았다. 그런데 내가 회사를 창업하고 팀장에서 갑자기 사장이 되었을 때, 가장 어려웠던 것은 무언가를 결정해야 할 때였다. 사장은 현업을 잘 알고 있는 것은 물론이고 어떠한 중요한 결정을 해야 할 때 마지막 책임을 지는 자리다. 사장의 결정은 회사의 운명을 좌우하기도 한다. 한 나라의 지도자라면 그 나라의 운명을 좌우할 수도 있다는 말이 된다. 최상의 결정을 내리지는 못해도 최선의 결정은 할 수 있어야 한다.

그러기 위해서 리더는 많이 공부하고 함께하는 사람과 열린 마음으로 소통해야 하며 주위를 둘러볼 수 있는 여유도 가져야 한다. 나는 이것이 리더십의 시작이라고 생각한다. 나는 독서를 통해 만난 여러 인물들 중에서 윈스턴 처칠을 나의 롤모델로 정했다. 처칠을 나의 롤모델로 정한 가장 큰 이유는 처칠의 소신과 결단력 때문이었다.

제2차 세계대전에서 연합군이 엄청난 희생을 당하자 소련의 스탈린 Iosif Vissarionovich Stalin 원수와 루스벨트Franklin Roosevelt 미국 대통령은 전쟁을 단기간에 끝내기 위해서는 서유럽으로의 상륙작전이 절실하다는 데 의견을 같이했다. 두 정상은 처칠에게 1942년부터 상륙작전을 감행하자고 독촉했다.

그러나 처칠은 연합군이 유럽에 상륙하기 위한 전제조건을 생각했다. 충분한 연합군 병력 수와 전투능력, 탄약, 전차, 전투기, 전함 등과 같은 전쟁물자, 상륙 후 독일 진격까지 군수 물자의 원활한 보급 가능 여부를 따져보고 아직은 준비가 덜 되었다고 판단했다. 처칠은 스탈린과 루스벨트를 간곡히 설득해서 2년 뒤인 1944년 6월 5일을 노르망디 상륙작전Normandy Invasion 일자로 결정한다. 만약 처칠이 빨리 전쟁을 끝낼 목적으로 성급하게 1942년에 유럽상륙작전을 감행했다면 전쟁의 승패는 물론 미국, 영국, 캐나다, 폴란드, 프랑스의 군인으로 구성된 39개 사단 100만 명에 달하는 연합군의 생사는 장담할 수 없었을 것이다.

처칠이 육군사관학교를 졸업하고 실전 경험이 있는 전직 군인이라서 그런 결정을 할 수 있었던 것이 아니다. 처칠은 최선의 결정을 위해 모든 경우의 수를 생각했다. 가장 많은 희생자를 내면서 독일과 힘든 전쟁을 수행하던 소련과 가장 많은 전쟁물자를 생산하는 미국과 타협하기란 쉽지 않았다.

1941년 6월 22일 독일이 상호불가침조약을 깨고 소련을 침공했다. 전쟁 준비가 전혀 되어 있지 않았던 소련은 제2차 세계대전이 끝날 때까지 독일과의 전투에서 1,000만 명에 이르는 희생자가 발생했다. 소련을 제외한 영국, 미국을 포함한 모든 연합군의 희생자 수보다 많았다. 미국은 대공황 이후 침체에 빠진 경제를 재건하는 것이 제일의 목표였다. 민주당 대통령 후보로 3선에 나선 루스벨트 대통령은 "유럽에서 일어나는 어떠한 분쟁에도 개입하지 않는다"는 공약을 내걸고 근소한 표차이로 선거에서 승리했다. 수많은 희생자를 내면서 독일과의 전쟁을 수행하고 있다는 명분을 내세워 거만한 스탈린. 1941년 12월 7일 일본의 진주만 공습으로 어쩔 수 없이 전쟁에 참전하게 되어 자국 군인의 희생자를 최소화하면서 전쟁을 끝내고 싶어하는 미국의 루스벨트 대통령. 65세 나이로 당시에는 노인으로 여겨지던 처칠은 이 두 나라의 정상들과 타협해서 지원을 끌어내기 위해 목숨을 걸고 수천 킬로미터에 이르는 거리를 수없이 왕복했다. 처칠은 자신의 목표이자 독일에 점령당한 자유세계의 희망이었던 전쟁의 승리를 위해 연합군의 가장 강력한 두 지도자를 때로는 당당한 연설로 때로는 아부에 가까운 언변으로 설득하며 2년간 전쟁을 준비한 끝에 노르망디 상륙작전을 성공시켰다.

처칠을 나의 롤모델로 정한 또 다른 이유는 나와 비슷한 점을 많이 발견했기 때문이다. 처칠은 늦게 자고 늦게 일어나는 전형적인 저녁형 인간이었다. 독서를 좋아하고 역사에 관심이 많았다. 독학으로 인문학과 종교, 과학을 공부했으며 젊었을 때부터 다양한 경험을 했다.

처칠은 보통 새벽 3시경에 잠들어 점심때가 되어서야 침대에서 일어났다. 아침에 급한 보고사항이 있으면 침대 위에서 보고를 받았다. 처칠의 비서들은 처칠이 잠옷 차림으로 업무 지시를 하는 모습을 자연스럽게 받아들였다. 처칠은 오후 4시경에는 특별한 일이 없는 한 낮잠을 즐겼다. 처칠은 깨어 있는 나머지 시간에 모든 업무를 꼼꼼하게 지시하고 철저하게 확인했다. 처칠은 새벽까지 일했기 때문에 많은 비서들이 힘들어했지만 불만을 가지진 않았다. 처칠이 함께 일하는 모든 직원들을 가족처럼 대했기 때문이었다.

일본인 의사 사이쇼 히로시稅所弘가 2003년에 지은 『아침형 인간』이 공전의 히트를 기록했다. 우리나라에서도 '아침형 인간 신드롬'이 생겨났고, 사람들은 아침형 인간으로 살아야 성공할 수 있다고 말했다. 나

역시 아침형 인간으로 살아보고자 새벽 5시에 일어나 책을 보거나 글을 써본 적이 있다. 그러면 하루종일 피곤하고 잠이 와서 업무에 집중을 할 수가 없었다. 나는 고3때부터 지금까지 저녁형 인간으로 살고 있다. 최근에 신경과학자 러셀 포스터Russell Foster 교수가 TED 강연에서 발표한 '수면'에 관한 강연은 나를 안심시켜주었다. 러셀은 아침형 인간으로 살면 건강해지고 부유해지며 현명해진다는 것은 근거 없는 믿음이라고 반박하며 이렇게 말했다.

"일찍 일어나고 일찍 잠자리에 드는 것이 더 많은 부를 가져다준다는 증거는 전혀 없습니다. 사회 경제적 수준은 별반 차이가 없습니다. 제 경험상 아침형 인간과 저녁형 인간의 유일한 차이점은 일찍 일어나는 부류의 사람들이 단지 지나치게 우쭐댄다는 정도입니다."

대표적인 저녁형 인간으로는 처칠을 비롯해 프랑스의 수학자이자 철학자인 데카르트René Descartes, 천재 작곡가 모차르트Wolfgang Amadeus Mozart, 미국의 오바마Barack Obama 대통령 등이 있다. 이들의 예를 보아도 러셀 교수의 주장이 일리가 있는 듯하다.

나는 롤모델로 정한 처칠을 따라 해보고자 내가 만든 'CNC 법칙'대로 처칠의 독서부터 따라했다. 처칠이 즐겨 읽었다는 『로마제국 쇠망사』를 펼쳐 들었다. 나는 제1권의 반도 읽지 못하고 책을 덮었다. 백과사전을 읽는 것처럼 너무 지루하고 내용도 이해하기 어려웠다. 난 로마사와 관련된 다른 책을 발견했다. 시오노 나나미鹽野七生의 『로마인 이야기』였다. 총 15권으로 구성된 방대한 분량의 책이었지만 읽기도 편하고 내용도 어렵지 않았다. 나 역시 차츰 역사에 흥미를 갖게 되었고 세계사, 한국사, 중국사로 범위를 넓혀갔다. 나의 독서는 고전소설, 철학, 과학 등의 분야로 확장되었다. 이렇게 처칠을 따라 고전과 인문학을 읽으며 '아, 처칠이 이런 대목에서 어려워했고 이런 부분에서 깨달음을 얻었구나!'를 느낄 수 있었다.

처칠이 독학으로 지식의 세계에 빠져든 것처럼 나 역시 독학으로 인문학과 마주했다. 처칠은 다양한 분야의 책을 읽고 자신의 경험과 생각을 담아 글을 썼다. 그리고 그 글들을 모아 책으로 출판했다. 나는 처칠의 독서 습관과 글쓰기를 따라 해보았다. 처칠이 가르쳐준 글쓰기의 재미, 처칠이 들려준 감동적인 연설은 내게 '책 출간'과 '강연'이라는 또 다른 문을 열어주었다. 나는 'CNC 법칙'을 내 자신에게 적용하고 있는 중이다.

2. 리더의 연설

"우리가 경애하는 윈스턴 처칠의 연설은 완벽합니다."

– 안네 프랑크Anne Frank 『안네의 일기』 중에서

● 조국을 구한 위인들을 기억하라

1939년 9월 1일 독일이 폴란드를 침공함으로써 영국 수상 네빌 체임

벌린Neville Chamberlain이 뮌헨München에서 받아온 평화합의서[1]는 휴지 조각

이 되었다. 3일 후 영국과 프랑스는 독일에 선전포고를 하지만 평화협

정만 믿고 전혀 전쟁 준비는 되어 있지 않은 상태였다. 독일은 폴란드를

시작으로 파죽지세로 유럽을 점령해나갔다.

대독일 유화정책이 실패한 외교로 판명되자, 체임벌린 내각은 사퇴하

게 되고 차기 수상으로 처칠이 지명된다. 1940년 5월 10일 처칠의 나

이 65세 때다. 덴마크와 노르웨이는 이미 독일에 점령된 상태였고, 네

덜란드와 벨기에는 항복 직전이었으며, 프랑스 또한 마지노선Maginot Line[2]

---

1 뮌헨 협정: 1938년 9월 29일 영국의 체임벌린, 프랑스의 달라디에(Édouard Daladie), 독일의 히
틀러(Adolf Hitler), 이탈리아의 무솔리니(Benito Mussolini)가 독일 뮌헨에 모여 체결한 평화협정. 이
협정을 바탕으로 영국과 독일, 프랑스와 독일 간의 상호불가침조약이 체결되었다.

2 마지노선: 프랑스가 독일과의 국경에 쌓은 긴 요새. 프랑스의 국방부 장관 앙드레 마지노(André
Maginot)의 요청에 따라 1927년에 짓기 시작하여 1936년에 완공함. 1940년 독일이 벨기에로 침
입한 다음, 우회하여 프랑스를 침공하면서 마지노선은 쓸모 없게 되었다. 오늘날 '최후의 방어선',
'넘어서는 안 되는 선', '넘지 못하는 선' 등을 일컬을 때 마지노선이라는 표현을 사용한다.

이 붕괴되며 후퇴하기 바쁘던 시기였다. 영국 내에서는 정부를 캐나다로 옮기자는 말까지 나오고 있었다. 영국과의 전쟁이 껄끄러운 히틀러Adolf Hitler는 영국에 휴전협정을 제시했다. 영국 국민들은 혼란스러웠다. 평화를 위해서는 무기 감축이 필요하다고 주장하던 지도자를 믿고 따랐던 자신들이 후회스러웠다. 독일과의 전쟁에 아무런 대책이 없는 정부에 더욱 절망했다. 이런 국가적 위기 속에서 수상이 된 처칠은 의회와 국민들에게 첫 연설을 한다.

나는 이 정부에 참여한 장관들에게 이야기했던 대로 의회 여러분에게 다시 말합니다. "제가 바칠 수 있는 거라고는 피와 노고, 눈물 그리고 땀뿐입니다." 우리는 가장 심각한 시련을 앞두고 있습니다. … 여러분은 묻습니다. 당신의 정책은 무엇인가? 나는 말합니다. 육상에서, 바다에서, 하늘에서 전쟁을 수행하는 것이라고. … 여러분은 질문할 것입니다. 우리의 목표는 무엇인가? 나는 한마디로 답할 수 있습니다. 그것은 승리입니다. 어떤 대가를 지불하더라도 어떤 폭력을 무릅쓰고라도 승리, 거기에 이르는 길이 아무리 길고 험해도 승리, 승리 없이는 생존도 없기 때문입니다. … 이 시점, 이 대목에서 여러분의 도움을 요구할 자격이 있다고 느끼면서 이렇게 호소하는 바입니다. 자, 단합된 우리의 힘을 믿고서 우리 모두 전진합시다.

처칠의 연설은 영국 국민들에게 지난 역사 속에서 절체절명의 위기에 꿋꿋하게 영국을 구해낸 선조들을 떠올리게 했다. 나폴레옹Napoléon Bonaparte에게 결정적인 패전을 안겨준 워털루 전투Battle of Waterloo의 웰링턴Arthur Wellesley, 1st Duke of Wellington 장군, 트라팔가르 해전Battle of Trafalgar에서 프랑스-에스파냐 연합함대를 격파하고 전사한 넬슨Horatio Nelson 제독. 영국인들은 우리가 단합해서 힘을 모은다면 지난 역사의 위인들처럼 독일도 이길 수 있다는 자신감을 갖게 되었다. 유럽의 모든 국가가 독일과의 전쟁을 이길 수 없는 싸움이라고 포기했을 때, 영국은 처칠의 연설을 시작으로 본격적인 전쟁 준비에 들어갔다.

그러나 모든 준비를 끝내고 전쟁을 시작한 독일과의 전면전은 쉽지 않았다. 런던은 연이은 폭격의 대상이 되었고 대부분의 전선에서 고전을 면치 못했다. 그럴 때마다 처칠은 BBC 라디오를 통해 영국과 연합국 국민들에게 격려와 용기를 북돋아주는 연설을 매주 이어갔다. 전쟁이 일어나면 방송은 으레 자국이 이긴 전투만을 과장해서 얘기한다. 패배한 전투를 사실대로 방송하면 자국의 국민과 군인들의 사기가 꺾일 수 있다는 우려 때문이다.

하지만 처칠은 어디에서는 연합군이 승리했고 어디에서는 패배했다고 사실대로 얘기했다. 승리한 군인들에게는 축하의 인사를, 패배한 군인들에게는 격려와 위로를 전했다. 그리고 영국군과 연합군이 포기하지 않는다면 언젠가는 승리할 것이라고 끝을 맺었다. 사기라는 것은 승리했을 때 느끼는 감정만을 얘기하지 않는다. 패배했을 때 패배의 원인을 파악하고 새로운 작전으로 다시 전쟁에 임하게 하는 데 꼭 필요한 것이 사기다. 전투에는 패배했지만 전쟁에서는 이길 수 있는 이유를 구체적인 내용으로 설명하는 그의 연설은 군인들에게 보이지 않는 힘을 불어넣는 강력한 무기였다. 자신들의 유리한 상황만을 얘기해서 국민들을 안심하게만 만드는 것이 지도자의 역할이 아니라는 것을 처칠은 알고 있었다.

"지금은 우리가 독일에 지고 있다는 것을 인정하자. 하지만 미국과 소련이 연합국으로 참전해서 함께 싸우고 있다. 영국, 미국, 소련의 전투 상황은 이렇다. 유럽에 연합군이 상륙하면 전세는 역전된다. 연합군이 성공적으로 유럽에 상륙하기 위해서는 시간과 노력이 필요하다. 우리가 그때까지만 잘 참아낸다면 결국엔 우리가 승리한다".

이런 식으로 전쟁에 임하는 영국인을 포함한 전 유럽인들에게 전쟁의 상황을 냉정하게 보도록 유도했다. 영국을 포함한 연합국들은 '연합군의 유럽 상륙 작전'이 시기와 장소는 모르지만 언젠가는 시도될 것이라는 걸 알고 있었다. 나치의 유대인 말살정책 때문에 독일을 탈출해서 네덜란드에 숨어 살던 안네 프랑크Anne Frank가 남긴 『안네의 일기』에도 이런 장면이 있다.

1943년 2월 27일
아빠는 연합군의 상륙 작전이 시작되기를 이제나저제나 기다리고 계신다. 처칠은 폐렴에 걸렸는데, 이제는 조금씩 좋아지고 있다고 한다.

1944년 3월 14일
전쟁도 벌써 4년째 접어들었다. … 영국군은 실수를 자주 저지르긴 하지만 그래도 전황을 들으면 진전은 있는 것 같다. 나는 어쨌든 이렇게 여유롭게 이야기도 할 수 있으니, 지금 폴란드에 있지 않다는 사실에 감사해야겠지.

1944년 3월 27일

은신처 밖의 사람들이 우리에게 여러 가지 뉴스를 들려주지만, 그중에는 헛

소문도 있다. 라디오는 지금까지 한 번도 잘못된 뉴스를 전해준 적이 없다.

안네 프랑크는 2년간 아버지의 지인이 제공해준 암스테르담Amsterdam

의 은신처에서 가족과 함께 온전히 집 안에서만 생활해야 했다. 안네의

가족들은 집 안에서 BBC 라디오 방송과 도움을 주는 사람들을 통해 바

깥 소식을 전해 들었다. 전쟁이 일어나면 온갖 유언비어가 난무한다. 독

일 역시 선전장관 괴벨스Paul Joseph Goebbels를 통해 독일이 연전연승하고

있다고 보도했다. 이런 상황에서 누구의 말이 진짜인지 판단하기란 쉽

지 않다. 안네의 이 세 편의 일기를 통해서 처칠의 전쟁에 대한 정책과

방향을 알 수 있다.

한 나라의 지도자의 건강 상태는 평화 시에도 일급 비밀사항이다. 미

국 국민들은 루스벨트 대통령이 30대 때부터 소아마비에 걸려 평생 휠

체어를 타고 지냈다는 사실을 루스벨트 대통령이 사망할 때까지도 몰

랐다. 전쟁 중인 국가의 지도자가 아프다거나 아군이 전투에서 지고 있

다는 소식을 접하면 국민은 불안할 수밖에 없다.

하지만 처칠은 자신의 건강 상태나 전황을 숨기지 않았다. 이긴 전투

만을 과장해서 선전하지도 않았다. 전투에서 영국군의 실수나 후퇴 또

는 항복을 사실 그대로 전했다. 그러면서도 아직 포기하지 않았음을 역

설했다. 사람들이 미래를 불안해하는 이유는 미래를 예측하는 것이 어

렵기 때문이다. 특히나 전쟁 상황에 놓여 있다면, 그 불안은 극에 달한

다. 어리석은 지도자는 국민들에게 좋은 말만 하고 치부는 감추면 자신을 훌륭한 지도자라고 생각할 것이라는 착각을 한다. 처칠은 '솔직함'이 중요한 이유를 이렇게 말했다.

영국 국민에게 진실을 이야기하라. 그들은 강인하고 굳센 국민이다. 그 순간에는 약간 기분이 상할지 모르지만 어떤 일이 일어나고 있는지를 정확히 이야기한다면, 미래의 어느 순간 환상이 깨어졌을 때 사람들은 여러분에게 불평과 비난을 퍼붓지 않을 것이다.

진실은 감출수록 주머니의 송곳처럼 언젠가는 드러나게 마련이다. 사람들이 진실을 알게 되었을 때 그 지도자의 말은 더 이상 감동적인 연설이 아니라 대중의 인기만을 추구하는 비겁한 정치인의 감언이설일 뿐이다. 처칠은 국민들의 불안을 잘 알고 있었다. 처칠은 국민들에게 현실을 있는 그대로 보게 한 후 자신의 정책 방향을 제시하여 국민 각자가 스스로 희망과 용기를 갖게 만들었다.

1942년 2월, 영국의 중요한 식민지였던 싱가포르가 일본에 함락되었다. 일본은 싱가포르를 점령한 후 영국군을 상대로 연승을 이어갔다. 처칠은 평소 일본군의 능력을 과소평가했다. 따라서 밀림이 우거진 말레이 반도가 아닌 쉬운 경로인 해상으로 공격할 것이라고 예상하고 해안 방어에만 집중하도록 지시했다. 하지만 일본은 처칠의 예상을 뒤엎고 험난한 밀림을 뚫고 후방을 공격하여 손쉽게 싱가포르를 손에 넣을 수 있었다.

이런 경우 패배의 이유를 현장 지휘관에게 돌리고 자신의 실수나 잘못된 판단은 인정하지 않으려는 지도자를 우리는 많이 보아왔다. 처칠은 싱가포르 상황을 설명하는 대국민 연설에서 자신의 오판을 솔직히 인정했다. "솔직히 일본은 우리의 예상을 훨씬 뛰어넘는 폭력과 전의, 기술, 그리고 힘을 보여주었습니다."

지도자도 사람이다. 사람은 누구나 실수나 잘못된 판단을 할 수 있다. 중요한 것은 실수를 인정하는 것이다. 사람들은 실수한 지도자보다 실수를 인정하지 않는 지도자를 싫어한다. 서해를 지키던 젊은이들이 천안함과 함께 수장되고 소년, 소녀들이 세월호에 갇혀 꽃도 채 피워보지 못하고 짧은 생을 마감했다. 그럴 때마다 한국의 지도자들은 현장 지휘관에게 모든 책임을 돌렸다. 국가의 지도자는 국민의 생명과 재산, 영토를 지키고 보호해야 할 책임과 의무를 지닌다. 그러한 책임과 의무를 상황에 따라 다른 사람에게 전가해도 된다고 생각하는 사람은 지도자가 될 자격이 없다. 이러한 책임과 의무가 지도자에게 과도한 것이라고 생각하는 사람은 지도자가 되겠다고 나서지 말아야 한다.

● 신세계가 구세계를 해방시킬 것입니다

미국 해군장교 스톡데일James Stockdale은 베트남 전쟁에서 동료들과 함께 8년간 포로로 잡혀 있었다. 포로수용소에 갇혀 있는 동안 20여 차례 고문을 당하면서 지옥 같은 포로 생활을 견뎌야만 했다. 동료들 중에는 크리스마스 전에는 나갈 수 있을 거라고 믿다가 크리스마스가 지나면 부활절이 되기 전에는 석방될 거라고 믿음을 이어나가는 사람들도 있었다. 그들은 부활절이 지나면 추수감사절 이전에는 나가게 될 거라고 믿었다. 스톡데일은 추수감사절이 지나고 다시 크리스마스를 맞게 되면 반복되는 상실감에 동료 병사들이 결국에는 죽게 되는 것을 보았다.

반면, 스톡데일은 포로 생활의 현실을 직시했고 언젠가는 풀려날 것이라는 희망도 잃지 않았다. 스톡데일은 "나는 거기서 풀려날 거라는 희망을 추호도 의심한 적이 없거니와, 한 걸음 더 나아가 결국에는 성공하여 그 경험을, 돌이켜보아도 바꾸지 않을 내 생애의 전기轉機로 전환시키고 말겠노라고 굳게 다짐하곤 했습니다."

스톡데일과 인터뷰한 짐 콜린스Jim Collins는 자신의 책『좋은 기업을 넘어 위대한 기업으로Good to Great』에서 이것을 '스톡데일 패러독스Stockdale paradox'라고 이름 붙였다. 스톡데일 패러독스는 결국에는 성공할 거라는 믿음을 잃지 않는 동시에 눈앞에 닥친 현실 속의 가장 냉혹한 사실들을 직시하는 것, 즉 합리적 낙관주의의 대표적인 예로 자주 언급된다. 처칠의 연설 또한 합리적 낙관주의를 바탕으로 했다. 프랑스가 항복하고 영국과 독일의 본격적인 전쟁이 시작되었지만, 미국은 연합군으로 참전하길 거부하던 시기에 처칠은 이렇게 말한다.

독일에 맞선 이 전쟁이 어떻게 진행될지, 얼마나 멀리 퍼질지, 얼마나 오래 계속될지 예측할 수 있는 사람은 없습니다. … 죽음과 슬픔이 우리의 여정을 따라다닐 것이고 고난은 우리의 옷이 될 것이며 끈기와 용기는 우리의 방패가 될 것입니다. … 우리의 능력과 업적은 진정한 구원의 횃불로 타오를 때까지 유럽의 어둠을 밝히는 빛이 되어야 합니다. 때가 되면 신세계가 강력한 힘으로 구원에 나서서 구세계를 해방시킬 것입니다.

독일과의 전쟁이 얼마나 계속될지 알 수 없는 현실을 직시해야 한다. 동시에 이길 수 있다는 희망을 버리지 않는다면 신세계(미국)가 언젠가는 연합군으로 참전하여 결국에는 승리할 것임을 믿자는 것이다. 처칠의 연설을 들은 영국 국민들은 미국이 참전할 때까지 홀로 독일과 맞서 싸운 2년 동안 전쟁을 포기하지도 희망을 잃지도 않았다. 제2차 세계대전 기간 중 영국 성인의 70%가 처칠의 연설을 들었다. 처칠이 연설을 하는 시간에는 영국 전체가 일시 정지 모드에 들어갔다. 공장의 기계들이 멈추었고 집안일을 하던 주부들도 라디오 앞에 모여들었다. 영국의 역사학자 제프리 베스트Geoffrey Best는 당시의 상황을 이렇게 말했다.

처칠의 연설을 듣는 일은 엄청난 신자들이 모인 종교행사와 같았다.

처칠은 연설을 통해 국민들에게 자신들이 영국인이라는 사실에 자부심과 자신감을 갖게 만들었다. 프랑스가 독일에 항복하자, 처칠은 "이제 우리는 전 세계를 위해 정의를 지키는 유일한 나라가 되었습니다"라고 말했다. 영국인들에게 영국이 단순히 독일과 싸우는 것이 아니라 자유 세계를 지키기 위해 불의와 싸우고 있다고 느끼게 했다. 영국의 정치철학자 이사야 벌린Isaiah Berlin은 처칠의 연설에 대해 이렇게 설명했다.

수상은 국민에게 상상력과 의지를 불어넣었다. 덕분에 겁쟁이였던 사람들은 용사가 되어 빛나는 갑옷을 걸치고 목표를 달성했다. 그의 말은 매우 마술적이었고 그의 신념은 매우 강했다. 그는 뛰어난 웅변력으로 국민이 실제로 마음속에 용기를 지녔다고 믿게 만들었다. 물론 용기는 거기에 있었으나 그가 깨우기 전까지는 잠들어 있었다.

제2차 세계대전 때 연합군 총사령관이자 미국 대통령을 역임한 아이젠하워Dwight Eisenhower는 처칠의 연설에 대해 이렇게 말했다.

처칠은 유머와 애절함을 적절히 섞어가며 사용할 줄 알았고, 그리스 고전부터 도널드 덕Donald Duck에 이르기까지 다양한 인용뿐만 아니라 상투적인 문구와 설득력 있는 속어 등 모든 것을 끌어다 자신의 주장을 뒷받침하는 뛰어난 능력을 가지고 있었다.

● 연설과 전쟁

미국인이 가장 존경하는 대통령은 링컨Abraham Lincoln이다. 그 존경의 바탕에는 링컨의 게티즈버그 연설Gettysburg Address이 있다. 미국의 남북전쟁 기간 중 펜실베니아의 게티즈버그 지역에서 벌어진 전투는 5만 명 이상의 사상자와 전쟁포로가 발생했을 만큼 치열한 전투였다. 사상자가 많았던 만큼 북쪽의 미국인과 남쪽의 미국인은 더욱 서로를 증오했고, 남북 간의 분열 양상은 갈수록 심해졌다. 링컨은 게티즈버그 전투Battle of

Gettysburg 현장을 국립묘지로 조성하기로 했다. 남북 전쟁이 진행되고 있던 1863년 11월 19일, 게티즈버그에서 희생된 장병들을 위한 추도식이 열렸다. 2분간의 짧은 연설문은 이렇게 끝을 맺는다.

이제 우리는 살아남은 자로서 이곳에서 싸웠던 그분들이 그토록 애타게 이루고자 염원했던 미완의 과업을 달성하기 위해 마땅히 헌신해야 합니다. 우리는 명예롭게 죽어간 분들이 마지막 신명을 다해 이루고자 했던 대의에 더욱더 헌신할 수 있는 커다란 힘을 그분들로부터 얻고, 그분들의 죽음을 결코 헛되이 하지 않겠다고 다시 한 번 굳게 다짐함으로써 이제 우리 앞에 미완으로 남아 있는 위대한 과업을 달성하기 위해 헌신할 수 있습니다. 우리가 그처럼 헌신적인 노력을 기울일 때, 하느님의 가호 속에서 우리나라는 새롭게 보장된 자유를 누릴 수 있고, 우리나라는 국민의, 국민에 의한, 국민을 위한Of the people, By the people, For the people 정부로서 결코 지구상에서 사라지지 않을 것입니다.

'people'은 우리말로 인민, 민중 또는 국민으로 번역된다. 프랑스 혁명 이후 유럽에서 'people'의 의미는 귀족이나 돈이 많은 부르주아 계급이 아닌 피지배층, 즉 소시민, 노동자, 농민을 의미했다. 링컨이 'people'이라는 단어를 강조한 이유도 여기에 있다. 미국이 유럽에서 천대받던 피플들이 건너와 건국한 나라임을 상기시키기 위해서였다. 1776년 발표한 미국의 독립선언문의 주요 내용은 이렇다.

모든 사람은 평등하게 태어났고, 조물주는 몇 개의 양도할 수 없는 권리를 부여했으며, 그 권리 중에는 생명과 자유와 행복의 추구가 있다.… 이 권리를 확보하기 위해 인류는 정부를 조직했으며 이 정부의 정당한 권력은 인민people의 동의로부터 유래하고 있는 것이다.… 그러한 원칙에 기초를 두고 그러한 형태로 기구를 갖춘 새로운 정부를 조직하는 것은 인민people의 권리다.

링컨은 독립선언문에 명기된 'people'의 의미와 권리를 인용함으로써 미국인들에게 선조들이 세운 '미합중국'이라는 나라의 정체성을 돌아보게 만들었다. 링컨이 노예해방을 결정한 이유도 "모든 사람은 평등하다"는 미국의 건국이념을 따른 것이다. 링컨의 게티즈버그 연설을 계기로 남과 북, 흑과 백으로 분열되었던 미국은 다시 하나의 나라가 되었다. 링컨의 이 연설은 이후 민주주의 국가 헌법의 기본 이념이 된다.

제1차 세계대전에서 패망한 독일에 엄청나게 인기 있는 대중연설가가 나타났다. 그는 독일 국민들에게 절제된 언어와 행동으로 기존에 없던 새로운 방식으로 연설했다.

"독일이 제1차 세계대전에서 패배한 이유는 볼셰비키 공산 혁명에 심취한 노동자들이 군수 공장에서 파업을 했기 때문이다. 그 기본 바탕에는 공산주의를 주창한 유대인 출신의 마르크스가 있다. 유대인은 우리의 일자리를 빼앗았고 자본을 이용해 언론과 결탁해서 우리의 사상을 지배하고 있다. 우리 게르만족은 우수한 혈통인 아리안족의 후손이다. 게르만족의 융성과 발전을 가로막고 있는 저열한 혼혈 민족인 유대인은 지구상에서 없어져야 한다. 제1차 세계대전의 부당한 전쟁배상금은 더 이상 갚을 필요가 없다. 다른 나라에서 고통받고 있는 게르만족을 구원하기 위해서는 전쟁도 불사해야 한다."

그 연설가는 아돌프 히틀러였다. 독일 국민들이 그의 연설에 환호하고 박수를 보낸 이유는 독일의 심각한 경제 상황 때문이었다. 제1차 세계대전에서 패한 독일은 천문학적인 금액의 전쟁배상금을 프랑스를 포함한 승전국에 지불하고 있었다. 미국에서 시작되어 독일에까지 불어닥친 경제대공황은 전쟁배상금으로 바닥을 드러낸 독일 경제를 더욱 어렵게 만들었다. 노동자의 30% 이상이 일자리를 잃었다. 경제 재건을 위해 마구 찍어낸 마르크화는 1,000%가 넘는 인플레이션으로 이어졌다. 식빵 하나를 사기 위해서는 리어카 한 대 분량의 지폐가 필요했다. 이런 독일 국민들에게 히틀러의 연설은 구세주의 음성으로 들렸다.

히틀러는 독일 국민이 듣고 싶었던 연설을 했다.

"독일이 패전국으로서 져야 할 전쟁배상금은 연합국 마음대로 터무니없이 계산되었다. 따라서 전쟁배상금은 갚지 않아도 될 부당한 빚이다. 독일은 전쟁을 일으킨 전범이 아니라 연합국과의 전쟁에서 억울하게 패전했을 뿐이다. 영국과 프랑스는 독일보다 먼저 무력으로 약소국을 침략해서 자신들의 식민지로 만들었다. 독일도 제국을 만들 권리가 있다. 독일 국민이 일치단결한다면 다시 일어설 수 있다."

이런 히틀러의 연설은 독일 국민의 자존감을 회복시켜주었고, 미래에 대한 희망을 다시 품게 했다.

우리는 부자들이 가난한 사람들에게 나눠줘야 한다고 주장하지 않습니다. 우리는 독일인은 독일인을 도와야 한다고 주장합니다. 가난한 자든 부자든 모두 서로를 도와야 합니다. 누구든지 나보다 더 가난한 사람이 있다는 것을 항상 명심해야 합니다. 따라서 저는 독일인들이 국민 속의 동료들을 돕기를 원합니다.

－ 히틀러의 연설 중에서

히틀러에게 열광한 독일인들은 히틀러가 주도한 나치당에 표를 몰아 주었다. 나치당의 1인자가 된 히틀러는 합법적으로 독일을 통치하게 된다. 히틀러는 제1차 세계대전 항복의 조건으로 문을 닫았던 군수공장을 다시 가동시켜 경제 재건을 주도했다. 승전국으로 건너가던 전쟁배상금은 독일의 산업에 재투자되었다. 히틀러의 지시를 받은 나치 친위대는 유대인들의 자산을 강탈했다. 독일인들은 이를 말없이 지켜보거나 지지했다. 군수공장에서 대량으로 생산된 무기들은 독일과 합병한다는 명분으로 같은 독일어를 사용하고 같은 게르만족으로 구성된 오스트리아를 침공하는 데 사용되었다. 곧 이은 폴란드 침공으로 제2차 세계대전이 발발했다. 독일인들은 유대인이 독일의 경제에서 영향력을 넓혀갈 때 대놓고 불만을 표현하지 못했다. 프랑스와 승전국들의 전쟁배상금 요구를 거절하지도 못했다. 히틀러는 독일 국민들의 마음을 읽었고, 그것을 연설로 표현했다.

국가 지도자의 연설은 어느 특정 집단의 이익만을 위한 도구로 사용되어서는 안 된다. 국가 지도자의 연설은 전쟁을 일으킬 수도 있고 끝낼 수도 있다. 처칠과 링컨의 연설은 서로 다른 이념을 추구하는 구성원 간의 안정과 통합을 이루어냈고 전쟁을 끝내는 데 사용되었다. 반면, 히틀러의 연설은 게르만족과 비게르만족 간의 분열을 유도했고 전쟁을 불러왔다. 처칠과 링컨의 공통점은 분열된 사회 속에서 불안해하는 국민들에게 희망과 비전을 제시하여 구성원 모두가 단합할 수 있도록 유도했다는 것이다. 그러나 히틀러는 독일에 살고 있는 여러 민족 중에서 게르만 민족만의 이익을 우선시했다. 게르만 백인들은 환호했지만 유대인을 비롯한 소수 민족들은 핍박의 대상이 되거나 자유를 찾아 독일을 떠나야 했다.

처칠과 히틀러는 탁월한 연설가였다. 그러나 결과는 정반대였다. 처칠은 제2차 세계대전을 승리로 이끌었지만, 히틀러는 지하벙커에서 비참하게 생을 마감했다.

3. 리더의 책임감

● 솔선수범하라

유럽의 귀족들은 전쟁터에 나가 장렬히 전사하는 것을 가문을 빛내는 영광으로 여겼다. 이러한 전통은 유럽 역사를 만든 로마시대 때부터 시작되어 십자군 전쟁 때에도 이어졌다. 십자군의 선봉에는 늘 왕족이나 귀족 출신의 장군이 있었다. 유럽의 귀족들은 '십자군 전쟁에 참가한 조상이 있는 가문의 귀족'을 명문 귀족으로 대접했다.

영국 귀족도 마찬가지였다. 귀족 가문의 장교들은 식민지에서의 내전과 제1차 세계대전을 치르면서 수없이 전사했다. 처칠의 육군사관학교 동기생 150명 중에서 제1차 세계대전 후 살아남은 사람은 처칠을 포함해 4명에 불과했다. 제2차 세계대전 때 영국 왕실의 심장인 버킹엄 궁Buckingham Palace도 독일의 폭격을 피해가지는 못했다. 국왕이던 조지 6세George VI는 독일군의 폭격으로 죽을 뻔한 위기도 있었으나 끝까지 국민과 함께했다. 이러한 영국 귀족의 전통은 지금도 이어지고 있다. 왕위 계승서열 6위인 해리 왕자Prince Harry는 샌드허스트 육군사관학교Royal Military Academy Sandhurst를 졸업하고 군에 입대했다. 전쟁이 한창 벌어지던 아프가니스탄에 두 차례 파병되어 탈레반으로부터 신변의 위협을 받기도 했다. 군에서 10년간 복무하는 동안 일반 장교들과 똑같이 생활했고 아파치 헬기 사수 겸 조종사 자격도 보유하고 있다.

제2차 세계대전 중 처칠의 부인과 자녀들 그리고 루스벨트의 4명의 아들 모두 전쟁의 현장에 있었다. 처칠의 부인 클레멘타인 처칠Clementine Churchill은 폭격으로 가족이나 집을 잃은 사람들을 위한 자선활동을 했다. 하급 장교들의 아내 혹은 여군들을 돕는 일도 했다. 처칠의 유일한 아들 랜돌프Randolph Churchill는 제2차 세계대전이 발발하기 전부터 군에 복무하고 있었다. 랜돌프는 전쟁이 시작된 직후 아버지가 복무하던 이집트의 제4경기병단에 배치되었지만, 얼마 후 특수부대인 공수특전단에 자원했다. 그 당시 랜돌프는 아내와 어린 아들이 있었다.

랜돌프 처칠은 한국전쟁 때 영국군 소속의 종군기자로도 참전했다. 종군기자는 언제나 최전방에서 전쟁의 실상을 취재해야 하기 때문에 목숨을 담보로 해야 한다. 한국전쟁 기간 중 영국의《타임스The Times》와 《데일리 텔레그래프The Daily Telegraph》 기자 17명이 사망했다. 랜돌프 역시 낙동강 전투를 취재하던 중 부상을 입었다. 그는 아버지와 마찬가지로 처칠 가문의 길을 자원해서 걸어갔다. 처칠의 3명의 딸인 다이애나 Diana 와 사라Sarah, 메리Mary도 제2차 세계대전 기간에 군 복무를 했다. 장녀 다이애나는 어린 아이가 있었지만 독일 항공기의 영국 폭격을 감시하는 공습감시원에 자원했다. 사라는 공군 여성지원단에 들어가 공습 피해 상황을 파악하고 독일군 로켓발사대 등의 위치를 확인하는 항공사진 판독을 담당했다. 메리는 여군으로 자원입대해서 대공포대 장교로 진급했다. 막강한 화력을 자랑하던 독일의 V1 로켓을 방어하는 영국 남부 지역에서 복무했으며, 벨기에 소속 부대에서 전쟁이 끝날 때까지 복무했다. 루스벨트 대통령의 네 아들, 제임스James와 엘리엇Elliott, 존John, 플랭클린 2세Franklin Delano Roosevelt Jr. 모두 직접 전쟁에 참가했다.

한국의 지도자급 인사들과 그 자녀들은 군에 갈 나이만 되면 이상하리만치 군대에 들어갈 수 없는 체질이 되거나 건강이 좋지 않다. 우리나라 모 대통령 시절 북한이 미사일 도발을 감행했다. 대통령은 국가안전보장회의NSC를 위해 안보, 외교, 통일 등 관련 장관들을 불러 모았다. 북한의 미사일에 대한 대책과 우리 군의 대비 태세를 점검하기 위해서였다. 그런데 "모인 사람들 중에서 군대에 다녀온 사람은 국방부 장관 한 명뿐이었다"는 칼럼이 신문 한쪽에 조그맣게 실려 있었다.

과학자인 아인슈타인도 "리더십이란 본보기 그 자체다"라고 말했다. 리더의 역할은 자신의 의도대로 사람들을 이끌어가는 것이다. 리더가 어렵고 힘든 일에 먼저 나서는 모습을 보일 때 사람들은 그 리더를 존경하고 따르기 마련이다.

● 책임감이 리더십이다

처칠이 해군장관을 맡고 있을 때 제1차 세계대전이 벌어졌다. 처칠은 제1차 세계대전이 일어나기 전 독일을 방문하고 독일의 전쟁 준비를 사전에 감지했다. 독일에서 돌아온 그는 독일과의 전쟁 가능성을 영국 정부에 얘기했지만, 영국 정부는 독일의 능력을 과소평가했다. 프랑스, 러시아 등의 나라들과 동맹을 맺는다면 설사 독일이 전쟁을 일으키더라도 쉽게 독일을 이길 수 있을 것이라고 생각했다. 영국은 세계에서 가장 강력한 해군을 보유하고 있었고, 프랑스의 육군 또한 독일에 전혀 밀리지 않는 국방력을 자랑하고 있었다. 그러나 막상 제1차 세계대전이 발발하자, 전쟁은 예상과는 다른 방향으로 흘러갔다. 독일, 프랑스, 러시아는 국경 지역에 참호를 파고 지리한 공방전만 이어갔다.

영국이나 프랑스처럼 대제국을 건설하고 싶었던 독일은 오스만투르크(지금의 터키)가 지배하던 중동 지역이 탐이 났다. 아시아로 이어지는 중동의 지리적 조건과 석유 확보라는 전략적 계산 때문이었다. 오스만투르크는 유럽에서 아시아까지 뻗은 넓은 지역을 차지하고 있었지만, 도로나 철도 같은 기간 시설이 낙후하여 이를 극복하고자 유럽의 선진국들과 비밀리에 접촉했다. 독일은 다른 나라들보다 좋은 조건을 제시하여 오스만투르크를 관통하는 철도부설권을 따냈다. 오스만투르크는 부동항이 필요했던 러시아와 사사건건 대립했다. 거대 제국 러시아의 남하정책은 오스만투르크에게는 늘 불안 요소였다. 제1차 세계대전이 벌어지고 러시아가 영국, 프랑스와 연합군이 되자 오스만투르크는 독일과 동맹을 맺고 함께 연합군과 싸우게 되었다.

처칠은 지리멸렬한 참호전만으로는 전쟁에서 이길 수 없다고 판단하고 다른 작전을 고려하고 있었다. 처칠은 제1차 세계대전 초기에 구상했던 '러시아와의 연합 작전'을 재검토하라고 해군에 지시했다. 전쟁 초기 전쟁성 장관 겸 육군장관이었던 키치너Horatio Herbert Kitchener 경은 새로운 작전을 제안했었다. 영국의 막강한 해군력을 이용해서 지중해를 건너 오스만투르크 해안에 상륙해 연합국인 러시아를 지원하는 작전이었다. 상륙 장소는 갈리폴리Gallipoli였고 다르다넬스Dardanelles 해협을 지나야 했다. 이 작전명은 이후 '갈리폴리 상륙작전' 또는 '다르다넬스 해전'으로 불리게 된다.

해군은 대규모 연합군이 상륙해서 전력이 약한 오스만투르크를 격파하고 러시아와 연합하는 데 걸리는 시간은 2주면 충분하다는 보고서를 처칠에게 전달했다. 처칠은 대규모 보병이 상륙하기 위해서는 해군과 육군의 연합 작전이 성공해야만 가능하고 판단했다. 처칠은 해군 사령관 피셔John Fisher에게 작전을 준비할 것을 명령했고, 육군장관 키치너 경에게 육군의 지원을 요청했다. 키치너는 이집트에 주둔 중인 육군 29연대 15만 명의 지원을 약속했다. 그러나 시간이 갈수록 키치너는 육군의 지원 여부를 계속해서 번복했다. 피셔 제독 역시 처음에는 다르다넬스 작전 계획에 동의했다가 나중에는 갈팡질팡했다. 이전에 처칠의 추천으로 해군성 차관이 되었을 때도 피셔 경은 툭하면 사표를 던져서 처칠을 곤란하게 만들곤 했었다.

제1차 세계대전이 발발하고 4개월 뒤인 1914년 11월부터 1915년 3월까지 해군 작전으로 할 것인지 육·해군 합동 작전으로 할 것인지를 놓고 각료회의가 15회나 열렸다. 합동 작전에 대한 키치너의 의견이 회의 때마다 바뀌었기 때문이었다. 자신보다 한참 계급이 낮았던 처칠이 장관까지 고속승진한 것에 대해 불만이 많았던 키치너가 처칠이 추진하는 야심 찬 작전을 적극적으로 지원할 이유가 없었다. 키치너의 약속을 믿고 작전을 추진해온 처칠은 난감해졌다.

결국 처칠은 해군 단독으로 작전을 추진하기로 했다. 영국 해군의 주도 하에 프랑스 해군이 지원하고 앤잭군ANZAC[3]이라 불리던 호주와 뉴질랜드 연합군이 함께 참전한다는 계획이었다. 갈라폴리 상륙작전에 영국 육군이 참가할지 말지를 놓고 키치너가 자꾸 말을 번복하는 상황에서 해군 단독 작전으로 추진하고 그 대신 앤잭군을 참전시키기로 결정하기까지 많은 시간이 허비되었다. 그 과정에서 작전 계획이 독일 정보부까지 흘러 들어가게 되었다. 독일은 즉각 동맹국인 오스만투르크에 영국의 작전 계획을 알려주었다. 오스만투르크는 연합군의 상륙에 대비해 철저한 준비태세에 들어갔다.

영국 해군과 프랑스 해군으로 구성된 연합함대는 승리를 자신하며 다르다넬스 해협으로 향했다. 그러나 사전에 모든 작전 정보가 노출된 '다르다넬스 해전'은 25만 명이 죽거나 다친 연합군의 참패로 끝이 났다. 다르다넬스 해전은 제1차 세계대전 중 연합군이 치른 전투 중에서 가장 크게 실패한 전투로 기록되었다. 호주의 역사학자 빈Charles Bean은 이렇게 말했다.

한 젊은 열정가의 무서운 힘이 늙고 둔한 두뇌들을 설득시켜 갈리폴리의 비극을 낳았다.

다르다넬스 해전의 참패에 대해 영국 의회는 조사에 들어갔다. 참패

---

3 앤잭(ANZAC)은 호주와 뉴질랜드 연합군을 의미하는 Australian and New Zealand Army Corps의 약자다. 앤잭 데이(Anzac Day)인 4월 25일은 호주와 뉴질랜드의 공휴일이다. 갈리폴리 전투에서 용감히 싸운 병사들을 기념하는 날로 우리나라의 현충일과 같다.

의 주된 원인은 세 가지였다. 첫째, 오스만투르크의 전력을 과소평가했다. 둘째, 육군의 지원이 없었다. 셋째, 사전에 작전 정보가 노출되었다. 처칠은 의회의 조사에 적극적으로 임했다. 참패에 대한 의원들의 비난에 변명을 하기 위해서가 아니었다. 자신이 다르다넬스 해전을 결정한 이유와 참패의 원인을 정확하게 설명하기 위해서였다. 그리고 전쟁 경험이 없는 수상과 의원들에게 자신의 경험과 비행기, 전차, 총포 등에 대한 기술적 조언을 해주기 위해서였다. 처칠은 어떻게든 자신의 실수를 만회할 기회를 찾고 싶었다. 그러나 의회와 여론은 처칠에게 냉담했고, 그의 조언을 무시했다.

처칠은 참패의 책임을 지고 해군장관직을 사임했다. 장관에서 물러난 후 그는 육군 중령으로 자원입대했다. 복무 장소는 연합군과 독일군이 참호를 파고 서로를 향해 매일 대포와 총알을 퍼붓던 프랑스 최전방을 택했다. 전직 장관이 장군도 아닌 중령으로 복무하겠다는 것도 특이했지만, 후방도 아닌 최전방을 택한 처칠을 이해하는 사람은 그의 아내 클레멘타인 외에 아무도 없었다.

처칠은 참패의 책임이 자신에게만 있는 것은 아니라고 주장할 수도 있었다. 하지만 그는 그렇게 하지 않았다. 참패의 결정적인 원인은 장관인 자신의 잘못된 결정 때문이라고 생각했다. 처칠은 '마지막 결정을 내린 최고 책임자가 모든 책임을 져야 한다'고 생각했고, 그것이 리더의 역할이라고 믿었다. 다르다넬스 해전 참패의 경험은 제2차 세계대전 때 처칠이 오버로드 작전Operarion Overload(일명 노르망디 상륙작전)을 계획할 때 중요한 참고 자료가 된다.

리더가 가져야 할 덕목 중에 특히 중요한 것이 책임감이다. 처벌이 두려워서, 자신의 명성에 흠이 갈까 봐, 세상 사람들의 비난이 두려워 혹은 자존심을 이유로 책임을 회피하는 리더들을 많이 보아왔다. 문제가 발생했을 때 리더가 책임을 통감하고 잘못을 인정하는 자세를 보여야 용서와 함께 잘못을 만회할 또 다른 기회가 오는 법이다. 사람들은 잘못한 리더보다 잘못을 인정하지 않는 리더를 더 미워하는 법이다.

● 자신의 의무를 다하라

해마다 12월 31일 자정이 가까워오면 런던의 트라팔가 광장Trafalgar Square에는 새해 첫날의 0시 0분을 기념하기 위해 나온 시민들과 관광객들로 발 디딜 틈이 없다. 이 광장은 사방으로 청동 사자가 지키고 있고 한가운데에는 57미터의 돌기둥이 우뚝 솟아 있다. 돌기둥 위에는 영국인들이 존경하는 국민적 영웅인 호레이쇼 넬슨 제독의 동상이 있다.

12세에 해군에 입대한 넬슨은 21세에 함장이 되어 수많은 해전에 참가한다. 전투 도중 오른쪽 눈을 잃고 그 후에는 오른쪽 팔마저 잃는다. 넬슨은 나폴레옹 전쟁 때는 해군 제독으로서 함대를 지휘했다. 넬슨은 스페인의 트라팔가르에서 프랑스-스페인 연합함대를 맞아 싸우게 된다. 트라팔가르 해전에서 승리가 영국으로 기울어갈 무렵 프랑스군이 쏜 총알이 넬슨의 몸에 박힌다. 넬슨은 치료를 받으라는 의사의 말을 뿌리치고 4시간을 더 해군을 지휘했다. 죽음이 다가왔음을 느낀 넬슨은 자신의 얼굴을 흰 수건으로 씌우라고 명령한다. 적군이 자신의 죽음을 알아차리지 못하게 하기 위해서였다. 트라팔가르 해전에 참가한 영국의 모든 전함에는 넬슨이 보낸 깃발이 나부끼고 있었다.

"영국은 모든 해군 장병들이 자신의 임무를 다할 것을 믿는다."

해군 장병들은 적과 싸우는 것이 임무였고, 넬슨은 그들을 끝까지 지휘하는 것이 임무였다. 넬슨은 자신의 임무가 죽음보다 더 중요했다. 트라팔가르 해전의 대승은 나폴레옹의 영국 침략 계획을 좌절시켰고, 결국에는 나폴레옹 전쟁에서 영국이 승리하는 결정적인 전환점이 되었다.

트라팔가르 해전을 연구한 역사학자들과 전쟁사 전문가들은 영국이 프랑스를 이길 수 있었던 이유를 이렇게 정리했다.

영국에는 넬슨이라는 훌륭한 해군 제독이 있었다. 그리고 넬슨이 해군 제독이 되고 영국 함대를 이끌며 승리한 데에는 숨은 공로자가 있었다. 나중에 바럼Barham 경이 되는 해군총사령관 찰스 미들턴Charles Middleton이다.

류성룡이 이순신 장군을 천거해 임진왜란을 승리로 이끌수 있게 한 것과 같은 경우였다. 바럼 경은 해군의 최고 책임자가 되어 영국 해군이 세계 최강이 되는데 많은 공헌을 했다. 첫째는 유능한 지휘관을 발탁하는 것이었다. 둘째는 함선의 유지 및 보수를 위한 조선소 그리고 식량의 보급과 의료 지원의 중요성을 강조했다. 바럼 경은 특히 지휘를 맡은 리더들의 능력과 책임 그리고 의무를 중요시했다.

"일을 할때는 포괄적인 지식과 다방면의 능력을 가지고 있어야 한다. 행동은 공명정대하고 확고하며 결단력이 있어야 한다. 공공자금을 쓸 때는 엄격하고 검소해야 한다."

시간 개념이 없던 시절 바럼 경은 시간의 중요성을 인식시키고 시간에 의해 업무 능력을 평가했다. 진급은 출신이나 배경이 아닌 능력으로만 결정했다. 나무로 만든 함선은 바다에 달라붙는 조개가 가장 큰 문제였다. 조개가 많아질수록 배의 속도는 느려졌다. 함선들은 조개를 떼어내기 위해 자주 육지로 올려졌다. 바럼 경은 영국의 모든 함선에 구리칠을 해서 바다에 조개들이 달라붙는 문제를 해결했다. 그 덕분에 영국 해군은 프랑스-스페인 연합함대보다 함선 수는 적었지만 속력이 더 빠른함선을 보유할 수 있었다. 바럼 경이 정비한 함선들이 넬슨 제독의 지휘능력을 만나 트라팔가르에서 영국의 대승을 이룰 수 있었다.

프랑스도 한때는 영국에 버금가는 해군력을 보유하고 있었다. 그러나 1789년에 일어난 프랑스 대혁명 이후로 해군의 주요 지휘관들이 능력과는 상관없이 귀족 출신이라는 이유로 해임되거나 처형되었다. 이를 계기로 프랑스 해군은 점점 약화되고 있었다. 나폴레옹이 프랑스를통치하면서 해군의 최고 책임자로 드니 드크레Denis Decrès가 임명되었다. 드크레는 해군의 고위직을 능력보다는 정치 이념이 같은 사람들 또는자신과 가까운 사람들로 채워나갔다. 영국과의 해전이 격렬해졌을 때해군 제독에 자신의 친구인 피에르 빌뇌브Pierre-Charles Villeneuve를 임명했다. 빌뇌브는 영국과의 여러 해전에서 이렇다 할 업적이 없었다. 나일강전투Battle of the Nile에서는 후방에서 공격하는 넬슨 제독의 영국 함대에 아무런 반격도 하지 않아 프랑스 해군이 참패하는 데 일조했다. 대부분의함장이 전사한 해전에서 살아남은 빌뇌브를 나폴레옹은 운이 좋은 사람으로 평가했다. 나폴레옹은 전쟁에서 운 또한 매우 중요한 요소라고 생각했다. 나폴레옹을 잘 아는 해군장관 드크레는 나일강 전투 이후 빌뇌브를 해군 제독으로 임명했다.

해군을 지휘하는 제독으로서 패전했을 경우 져야 하는 책임이 두려웠던 빌뇌브는 해군 제독을 사임하겠다는 편지를 드크레에게 여러 번 보냈다. 그러나 드크레는 그 편지를 묵살하고 빌뇌브가 계속 해군을 지휘하도록 했다. 영국과 프랑스의 명운을 걸고 바람 경의 넬슨과 드크레의 빌뇌브가 맞붙은 트라팔가르 해전의 결과는 어쩌면 이미 결정된 것이나 다름없었다. 모든 전쟁의 승패는 어느 한 사람의 능력이나 잘못으로 결정되지 않는다. 전쟁의 승리는 리더의 능력과 책임감 그리고 그 능력을 알아보고 지원하는 총책임자가 있어야 가능하다는 사실을 트라팔가르 해전은 잘 보여주고 있다.

처칠은 역사적인 사건들을 공부하며 리더란 어떻게 해야 하는가를 배웠고 배운 대로 실천했다. 처칠은 능력 있는 사람을 발탁하는 일도 중요하지만 그 반대로 능력이 떨어지거나 문제가 있는 사람을 원칙에 맞게 처리하는 것도 중요하다는 것을 잘 알고 있었다. 그는 자신이 임명한 사람이 기대를 충족시키지 못할 경우에는 아무리 가까운 사이라도 냉정하게 대했다. 처칠은 자신의 충성스런 동료였던 식품부 차관 밥 부드비Bob Boothby, Baron Boothby가 '체코 금 사건'이라는 스캔들에 연루되자 옛 친구를 한직으로 인사조치했다.

PART 2
리더의 길

루스벨트나 스탈린을 만나기 위해 위험을 무릅쓰고 회담 장소로 갈 때마다 처칠은
생각했다. 전쟁에서 승리해야 한다는 가장 중요한 목표 앞에서는 죽음에 대한 공
포나 자존심은 내려놓아야 할 거추장스러운 외투일 뿐이라고.

1. 리더의 반대말은 포기다

● 위대한 거인의 장례식

처칠의 90회 생일 몇 주 전 남아메리카 콜럼비아에서 우표가 없는 채로 9살 소녀가 보낸 축하 카드가 도착했다. 겉봉투에는 이렇게 씌어 있었다.

수신: 세상에서 가장 위대한 사람에게

2015년 1월 30일 처칠 서거 50주년을 기념해 영국 런던에서 '처칠 장례식 재현 행사'가 열렸다. 50년 전 처칠의 장례식 때 사용되었던 관과 마차, 배, 기차를 똑같이 만들고 그때 사람들이 입었던 복장도 똑같이 만들어 입고 처칠의 장례식을 그대로 재현했다. 세상의 수많은 위인들에 대한 추모 행사는 보아왔지만 장례식을 재현했다고 하는 말은 들어본 적이 없다. 그만큼 아직도 처칠을 그리워하고 존경하는 영국인들이 많다는 증거다. 장례식 재현에 앞서 19일에 '처칠 워룸Churchill War Rooms'에서 개막식이 열렸다. 처칠 워룸은 런던 한복판에 있는 지하벙커인데, 제2차 세계대전 당시 처칠이 이 방에서 루스벨트 미국 대통령과 수시로 통화를 하면서 전쟁을 지휘하던 곳이다. 그래서 워룸은 처칠을 상징하는 장소로 유명하다. 지금은 미국을 비롯한 세계 각국이 국가비상사태 발생 시에 워룸에 모여 대책을 논의한다. 우리나라의 청와대에도 워룸 개념의 지하벙커가 있다.

1965년 1월 중순 처칠이 위독하다는 기사가 신문의 헤드라인에 실렸다. 이 소식이 전해지자, 런던 시민들은 혹한의 날씨와 간간이 내리는 겨울비에도 불구하고 처칠의 사저로 몰려들었다. 신문은 당시의 상황을 이렇게 전했다.

군중은 잡다한 사람들로 구성되어 있었다. 슬픈 얼굴의 인도인도 있었고 북받치는 감정을 억제하지 못하는 미국인도 있었다. … 점잖은 복장에 밤을 새려는 듯한 자세로 서 있는 중년 신사와 처칠을 칭송하며 전쟁 중의 업적을 말해주는 노인도 있었다.

처칠이 쓰러진 이후 문병을 다녀간 영국의 주요 인사들, 교황의 위로 메시지 등 처칠과 관련된 내용이 매일 주요 신문의 1면에 상세히 보도되었다. 마지막 투병을 끝낸 처칠은 1965년 1월 24일 91세를 일기로 사망했다. 처칠의 장례식은 엘리자베스 2세Elizabeth II 여왕의 특별한 요청과 의회의 동의를 거쳐 국장으로 치러졌다. 영국 역사상 왕족이 아닌 민간인의 장례식이 왕족의 장례식에 준하는 국장으로 치러진 사람은 처칠이 최초였다.

처칠의 서거 소식이 알려지자 전 세계 주요국 정상들은 즉각 애도의 메시지를 보냈다. 장례식에는 전 세계 112개 국가의 고위직 대표가 참석했다. 우리나라에서는 정일권 국무총리가 참석했다. 미국의 존슨Lyndon Johnson 대통령은 개인적인 이유로 장례식에 참석하지 못했다. 극심한 감기가 주된 이유였지만, 부통령 시절 케네디John F. Kennedy 대통령의 암살로 대통령직을 승계한 존슨 대통령에 대한 테러를 걱정하는 경호실의 조언 때문이라는 설說도 있었다. 아무튼 처칠의 장례식에 참석하지 않은 존슨 대통령은 영국은 물론 영연방 국가 국민들로부터 비난의 대상이 되었다. 미국의 언론들마저도 미국의 가장 가까운 우방에 대한 존슨 대통령의 외교정책을 비판하는 기사를 쏟아냈다.

웨스터민스터 홀에 차려진 처칠의 빈소에 조문하기 위해 온 조문객의 수는 한겨울의 매서운 날씨에도 불구하고 35만 명이 넘었다. 조문객의 행렬은 2킬로미터 이상 길게 늘어졌다. 조문객 중에는 역사적인 사건을 함께하기 위해 어린 자녀들을 데리고 나온 부모들도 있었고, 전쟁을 함께 이겨낸 노년의 사람들도 많이 있었다. 처칠의 관을 운구하는 헤이븐고어Havengore호가 템스강Thames River을 따라 내려가자, 강을 따라 늘어선 대형 선박용 크레인들은 머리를 숙였다. 타워 브리지Tower Bridge에 운구선이 다가오자 다리가 올려졌고 하늘에서는 전투기 4대가 처칠의 마지막 여정을 배웅했다. 처칠이 서거한 이후 영국은 물론 영연방을 비롯한 많은 나라에는 처칠의 이름을 딴 거리, 대학교가 생겨났다. 심지어 장례식에 참석하지 않아 엄청난 비판을 받은 미국의 존슨 대통령은 비난 여론을 누그러뜨리기 위해 북아메리카에서 가장 높은 산의 이름을 처칠로 하는 데 적극 찬성했다. 그래서 알래스카의 가장 높은 봉우리 이름이 처칠이 되었다.

이처럼 처칠의 서거가 당시 영국과 서방세계 국가들에게 역사적인 사건이 된 이유는 무엇일까? 가장 가까운 친척의 장례식에도 눈물을 잘 보이지 않는 영국 사람들이 처칠의 운구가 자기 앞을 지날 때 수많은 사람들이 슬픔의 눈물을 흘린 이유는 무엇일까? 그 이유는 단지 그가 제2차 세계대전을 승리로 이끈 전쟁영웅이기 때문만은 아니었다.

● 밤하늘의 별들은 엄마의 눈망울처럼 빛나고 있었다

윈스턴 처칠은 귀족 집안의 후손으로 1874년 11월 30일 옥스퍼드 근교에 위치한 블레넘 궁전Blenheim Palace에서 태어났다. 블레넘 궁은 처칠의 조상인 말버러 공작Duke of Marlborough(존 처칠John Churchil)이 프랑스와의 전쟁에서 큰 공을 세워 영국 왕실로부터 하사받은 궁전이다. 즉, 처칠은 귀족 집안의 후손이었다. 처칠의 아버지는 하원 보수당 당수를 역임하고 재무부 장관을 지낸 랜돌프 처칠이다. 어머니는 뉴욕에서 언론사와 금융업으로 막대한 돈을 번 레너드 제롬Leonard Jerome의 딸 제니 제롬Jennie Jerome이다. 처칠 집안은 대대로 경마와 도박을 좋아해서 물려받은 재산을 거의 다 탕진했다. 아버지 랜돌프 처칠 대에 와서는 블레넘 궁 하나만 겨우 남은 상태였다.

랜돌프 처칠은 영국에 여행차 와 있던 제니 제롬을 만나 첫눈에 반해 만난 지 3일 만에 청혼을 한다. 제니 제롬의 집안이 부자라는 것을 랜돌프 처칠은 그전부터 알고 있었던 것으로 짐작된다. 재산이 별로 없는 영국의 귀족 상류층은 결혼을 통해 부와 명예를 유지하는 것이 유행처럼 되어 있었다. 귀족이 없는 미국에서도 돈이 많은 집안은 유럽 귀족과의 결혼을 통해 귀족 가문이라는 명예를 얻었다. 그 당시에는 이처럼 유럽과 미국의 국제적인 정략결혼이 많았다.

아버지 랜돌프 처칠과 어머니 제니 제롬의 행복한 결혼 생활은 그리 오래가지 못했다. 정략결혼이 거의 그렇듯 랜돌프 처칠은 정치 활동으로 가정에 무관심했고, 어머니 제니 제롬은 화려한 귀족 사교계에 흠뻑 빠져 거의 매일 파티에 가느라 집안을 돌볼 틈이 없었다. 처칠은 태어난 후 얼마 뒤부터 유모인 에버리스트Elizabeth Everest에게 맡겨졌다. 다행히도 에버리스트는 처칠을 친자식 이상으로 돌봐주어 어머니의 빈자리를 메워주었다. 하지만 처칠은 늘 어머니를 그리워하며 자랐다.

어린 처칠은 공부보다는 노는 게 더 재미있었다. 특히 병정놀이를 가장 좋아했다. 처칠의 가정교사가 처음 집에 오던 날 처칠은 숲속으로 도망갔지만 이내 붙잡혀서 집으로 돌아와야만 했다. 처칠은 어릴 때 이미 요즘 말하는 수포자(수학포기자)였다. 처칠은 가정교사와의 수학 공부를 이렇게 회고했다.

가정교사는 반드시 정확한 답을 요구했다. 만약 그 답이 정확하지 않으면 소용이 없었다. '비슷하게 맞았다'는 것으로는 통하지 않았다. 어떤 때는 숫자들이 서로 꾸어준 것이 있어서 하나를 꾸든가 더하든가 하여 먼저 꾸어온 것은 다음에 또 갚아야 했다. 이렇게 골치 아픈 일들은 나의 일상생활에 점차 어두운 그늘을 드리우게 했다.

처칠은 할아버지 말버러 공작 7세가 아일랜드 총독이었을 때 할아버지의 비서로 근무한 아버지를 따라 어린 시절을 더블린^{Dublin}에서 보냈다. 당시 잉글랜드의 식민지였던 아일랜드는 잉글랜드로부터 독립하기 위해 무장투쟁을 하던 시기였다. 처칠은 어릴 적부터 주위 사람들이 아일랜드 반군에게 죽거나 다치는 경우를 많이 보았다. 처칠 자신도 말을 타고 가던 중 영국군 행렬을 아일랜드 반군으로 오인하고 놀란 말에서 떨어져 죽을 뻔한 경험이 있었다.

처칠의 부모는 7세가 된 처칠을 상류사회의 자녀들이 가는 기숙초등학교에 입학시켰다. 처칠은 이 학교의 주입식 수업 방식에 적응을 하지 못했다. 선생님들은 처칠을 공부에 흥미가 없고 행동이 느리고 게으른 아이로 평가했다. 처칠에게 어린 시절의 기억이라고는 기숙초등학교 선생님들의 가혹한 매질로 고통스러워했던 기억과 언제나 그를 외면했던 부모님을 외로움 속에서 간절히 그리워했던 기억뿐이었다. 귀족 가문의 촉망받는 정치인의 아들로 태어났지만, 그의 어린 시절은 귀족적인 것과는 거리가 멀었다. 그는 왜소한 키와 잘생기지 못한 외모, 꼴찌를 전전하던 학업 성적 그리고 부모님의 무관심으로 인해 또래 아이들로부터 늘 따돌림의 대상이었다. 학업에 전혀 관심이 없고 선생님들에게 곧잘 대들던 처칠에게 돌아온 것은 상급 명문 학교 입학을 위한 것이라는 이유로 가해진 모진 매질이었다. 이 학교는 명문 사립이었던 이튼 스쿨 ^{Eton College}을 모방해 체벌을 허용했기 때문이었다.

한 달에 두세 번가량, 전교생을 도서실에 정렬시켜놓고 한 명 혹은 몇 명의 생도를 반장들이 옆방으로 끌고 들어가 게으르다는 이유로 피가 철철 흐를 때까지 회초리로 무섭게 때린다. 이러는 동안 다른 아이들은 새파랗게 질려 부들부들 떨면서 비명을 들어야 했다.

처칠은 자신의 어린 시절을 '인생의 암흑기'였다는 한마디 말로 대신하곤 했다. 처칠의 부모는 어린 처칠을 기숙초등학교에 맡긴 이후 한 번도 찾아간 적이 없었다. 학교 근처에서 선거 유세를 하던 아버지 랜돌프 처칠 경은 유세를 마치자 곧바로 돌아가버렸다. 외로웠던 어린 처칠은 어머니에게 학교에 한 번만 찾아와달라는 편지를 수차례 보냈다. 그러나 화려한 사교계의 파티만 쫓아다니던 미모의 어머니는 처칠을 외면했다. 외로움으로 어머니의 사랑을 갈구하던 처칠은 이렇게 당시를 회상했다.

어머니는 어린 나의 눈에도 이처럼 찬란한 인상을 남겨주었다. 어머니는 나에게 샛별처럼 찬란해 보였다. 나는 진심으로 어머니를 사랑했다. 그러나 그 사랑에는 거리가 있었다.

마음의 병으로 시작된 처칠의 건강은 더욱 나빠졌다. 병이 악화된 처칠은 2년 뒤 다른 초등학교로 보내졌다. 하지만 처칠 부모의 무관심은 달라지지 않았다.

처칠은 죽을 때까지 자신을 가망 없는 낙제생 취급하던 아버지를 무한한 존경의 대상으로 생각했다. 그래서 반드시 정치인이 되어 아버지

옆에 서고 싶다는 꿈을 가진다. 그러나 처칠의 아버지는 갑작스런 정치계 은퇴 후 병마로 46세라는 젊은 나이에 생을 마감하게 된다. 처칠은 아버지가 역임했던 장관이 되어 자랑스런 아들로서 아버지의 명예를 드높이겠다는 또 다른 꿈을 가지게 되고 마침내 그 꿈을 이루게 된다. 성인이 된 처칠은 어린 시절 자신에게 무관심했지만 이제는 서로의 인생을 후원하는 평생의 지지자가 된 어머니를 무한한 사랑으로 대한다.

● 살았거나 죽었거나 현상금 25파운드

나는 하늘의 별을 보았다. 오리온이 반짝반짝 빛나고 있었다. 1년 전쯤 나일강의 사막에서 길을 잃었을 때 나에게 강가로 가는 길을 가르쳐준 것도 바로 그 별이었다. 그때 그 별은 나에게 물을 갖게 해주었지만 이번에는 반드시 자유의 길로 인도해줄 것이 틀림없다.

영국 귀족의 자제들은 목사, 변호사 또는 군인이 되어 사회지도층 인사가 되는 것이 일반적이었다. 처칠의 아버지는 "목사가 되기에는 성격이 안 좋고 변호사가 되기에는 머리가 나쁘다. 그러니 군인밖에는 할 것이 없겠군"이라고 할 정도로 처칠을 한심하게 평가했다.

하지만 처칠은 이런 말에도 낙담하지 않았고 어릴 적부터 좋아했던 병정놀이를 떠올리며 군인이 되어 자신의 꿈을 이루기로 했다. 처칠은 샌드허스트 육군사관학교Sandhurst Royal Military Academy에 지원했지만 두 번이나 시험에 떨어진다. 그 당시 영국에도 사관학교 입시를 전문으로 강의하는 주입식 학원이 있었다. 처칠은 어쩔 수 없이 주입식 학원에 다녀 삼수 끝에 합격한다. 거기에 운도 따라주었다. 시험에는 한 나라의 지도를 그리는 문제가 항상 출제되었다. 처칠은 나라 이름을 적은 쪽지들을 모자에 넣고 하나를 뽑았다. 뉴질랜드였다. 처칠은 뉴질랜드 지도만 열심히 연습했다. 시험 당일 거짓말처럼 뉴질랜드를 그리라는 문제가 나왔다.

처칠은 기병대를 지원했다. 말을 타고 군대를 지휘하는 기병대 장교가 멋있어 보였기 때문이었다. 처칠의 아버지는 처칠이 돈이 많이 드는 기병대보다는 보병에 지원하기를 바랐다. 기병대 장교 한 명은 4마리 정도의 말이 필요했는데 모두 자비로 준비해야 하기 때문이었다. 처칠의 아버지는 육군사관학교 합격을 축하해주기는커녕 마음대로 기병대에 지원한 처칠을 비난하는 편지를 보냈다. 하지만 처칠은 육군사관학교에 입학했고 기병대 장교가 될 자신을 상상하며 기뻐했다.

샌드허스트 육군사관학교에 입학한 처칠은 골치 아픈 라틴어·프랑스어·수학 수업이 없어서 좋았다. 그는 전술, 축성, 지형학, 군법 등 자신의 적성에 맞는 공부를 하면서 즐겁게 학교생활을 했다. 주입식 공부로 삼수 끝에 겨우 합격한 처칠은 150명 중 8등이라는 우수한 성적으로 샌드허스트를 졸업한다.

처칠은 어릴 적부터 군대나 전쟁을 상상하면서 포화 속을 뚫고 갈 때의 설레는 기분을 상상하곤 했다. 그러나 그가 육군사관학교를 졸업했을 때 영국은 빅토리아 여왕 시대 이후로 10여 년 이상 전쟁이 없는 평화의 시기였다. 전쟁터를 누비고 싶다는 열망을 실현하기 위해 처칠은 아버지의 친구였던 스페인 주재 영국대사에게 부탁해 전쟁 중인 쿠바로 배치받을 수 있도록 부탁한다. 당시 쿠바는 스페인의 식민지로 반군과의 전투가 한창이었다. 처칠은 쿠바 이후에도 자신이 갈 수 있는 모든 전쟁에 참가한다. 제1차 세계대전과 제2차 세계대전에서 고위급으로 전쟁을 지휘한 지도자는 처칠이 유일하다. 처칠은 쿠바에서 실전 경험을 쌓는 동안 쿠바산 시가를 알게 되었고 이는 평생의 기호품이 된다. 또 한낮에 '시에스타siesta'라고 불리는 낮잠을 자던 습관이 이때부터 몸에 배어 이후에도 항상 한두 시간 낮잠을 잔 뒤 오후부터 새벽까지 일하는 것이 습관으로 굳어졌다. 이 습관은 공직자가 되어서도 계속되었다.

처칠의 아버지는 오랫동안 병마와 싸우다가 46세라는 젊은 나이에 세상을 떠났다. 처칠이 육군사관학교를 졸업하고 얼마 뒤였다. 처칠은 적은 초급 장교 월급으로 어머니와 동생을 보살펴야 했다. 어머니는 미국에 있는 친정으로부터 유산을 받았지만 씀씀이가 헤퍼 경제적으로 어려웠다. 처칠은 인도로 떠나기 전 인도의 국경 지역인 말라칸드Malakand에서 전투를 경험한 빈든 블러드Bindon Blood 장군을 만난다. 그는 만약 국경 지역에서 분쟁이 일어나서 장군이 지휘를 맡게 된다면 자신을 데려가 달라는 부탁을 한다. 그리고 신문사인《파이오니어The Pioneer》,《데일리 텔레그래프The Daily Telegraph》와 계약을 맺고 군인인 동시에 종군기자가 되어 전투 지역 소식을 기사로 전하기로 했다. 분쟁 지역에 참전해서 전쟁도 경험하고 돈도 벌 수 있기 때문이었다.

런던으로 돌아와 휴가를 보내던 중 인도 국경 지역에서 원주민이 반란을 일으켰다는 소식을 듣는다. 처칠의 예상대로 블러드 장군이 부대의 총사령관으로 임명되었다. 처칠은 말라칸드 야전부대에서 장교로 그리고 종군기자로 전투에 참가했다. 낮에는 원주민과 전투를 벌이고 저녁에는 전투 내용을 기사로 써서 런던에 보냈다.

나는 우리 병사 5, 6명이 다시 엎드렸다고 생각했다. 그들은 쓰러진 것이었다. 그중 2명은 전사했고 3명은 부상당했다. 1명은 심장을 관통당해 피를 내뿜고 있었다. 또 1명은 넘어진 채로 다리로 땅을 두들기면서 괴로워했다.

처칠은 이런 생생한 전투 경험을 신문사에 보냈고 기사 내용을 토대로 『말라칸드 야전군 이야기The Story of the Malakand Field Force』이라는 책도 쓴다. 단순히 돈을 벌기 위해 시작한 글쓰기가 이후 여러 권의 책을 내면서 작가로서도 인정을 받는다. 『말라칸드 야전군 이야기』를 읽고 감명을 받은 영국의 황태자는 처칠에게 칭찬과 격려의 편지를 보내기도 했다.

군대 안에서는 처칠을 싫어하는 부류도 생겼다. 처칠은 원하는 부대에서 근무했고 원하는 시기에 휴가도 갔다. 소위 계급에 지나지 않는 처칠이 상관을 칭찬하거나 비판하는 기사를 보내는 것에 대해서도 불만의 목소리가 많았다. 처칠은 군대에서 뭐라 하건 전투가 벌어지는 곳이면 어디든 지원했다. 수단 지역에서 전투 중인 이집트 사령관은 노골적으로 처칠의 지원을 거부했다. 처칠은 아버지와 어머니의 인맥을 모두 동원해서 전투에 참가할 방법을 찾았다. 결국에는 처칠의 책을 읽고 자신을 초대한 적이 있는 영국 수상의 도움으로 이집트에 파병되었다. 처칠은 이집트 부대에 편성되어 이슬람 반란군과의 여러 전투에 참가했다. 그 기록을 모아 『강의 전쟁The River War』이라는 책을 펴내고 크게 호평을 받는다. 이집트에 파병되었을 때 일화가 있다. 기병대 동료 장교가 오른쪽 손목 위를 칼에 맞아 중상을 입었다. 급히 피부 이식 수술이 필요했다. 처칠은 기꺼이 자신의 팔을 내놓았다. 고통을 줄여줄 마취제는 없었다.

> 의사는 나의 팔에서 1실링 동전만한 가죽과 살을 베어내기 위한 준비에 착수했다. … 나는 의사가 연한 살이 붙은 깨끗한 피부 한 조각을 베어낼 때까지 어떻게든 참고 견디었다. 그 귀중한 피부 한 조각은 그때 내 친구의 상처에 이식되었는데, 그것은 오늘날까지도 그대로 남아서 여러 가지 점에서 그에게 봉사하고 있다. 나에게는 살을 베어낸 상처가 하나의 기념으로 남아 있다.

처칠은 자신의 군인 월급과 간간이 들어오는 기자 수입으로는 비용이 많이 드는 기병대 장교 임무를 수행하기가 힘에 부쳤고, 가족도 돌봐야 했기 때문에 군대에서 제대하기로 결정한다. 제대 후 신문사에 기사를 써 보내는 일과 집필에 집중하는 한편 자신의 꿈이었던 하원의원에 도전해보지만 실패했다. 같은 해 영국의 식민지였던 남아프리카 공화국과 트란스발 공화국Republic of Transvaal 간에 제2차 보어전쟁[1]이 일어났다.

---

1 제2차 보어전쟁(1899~1902): 트란스발 공화국은 네델란드계 후손인 보어인(Boer)들이 건국한 나라였다. 영국의 식민지인 남아프리카 공화국과 인접한 트란스발 공화국에서 막대한 양의 금광이 발견된다. 보어인들은 자국의 경제를 위해 금광을 개발 중인 영국인들을 포함한 유럽 백인들에게 선거권을 주지 않는 등의 차별 대우를 한다. 트란스발 공화국 정부의 차별에 항의하는 영국인

처칠의 모험심은 이때도 발휘되었다. 일간지《모닝 포스트The Morning Post》가 종군기자를 제의하자, 처칠은 흔쾌히 승낙했다. 남아프리카에 도착한 처칠은 주둔해 있던 영국군과 함께 트란스발군의 정세를 알아보기 위해 무장열차에 동승했다. 처칠과 영국군을 태운 열차는 트란스발군의 공격을 받아 탈선했다. 처칠은 열차 수리를 진두지휘해서 가까스로 열차에 부상자를 실어 후방으로 보냈다.

그러나 자신은 남겨진 영국군과 함께 포로로 잡히는 신세가 되었다. 처칠은 자신은 군인이 아닌 종군기자로 참전했기 때문에 포로가 될 수 없다고 주장했다. 트란스발군은 처칠이 무장한 기차에 동승했고 부상병의 탈출을 도왔으므로 비전투병으로 볼 수 없다며 처칠의 주장을 받아들이지 않았다. 그러자 처칠은 2명의 장교와 함께 포로수용소를 탈출하기로 계획한다.

탈출하기로 정한 날, 처칠은 먼저 수용소 울타리를 넘었지만 다른 장교들은 경비가 너무 삼엄하다며 탈출을 포기했다. 처칠은 혼자라도 탈출하기로 마음먹고 계획대로 실행했다. 포로수용소 탈출에 성공하면 철길을 따라 기차역에 도착한 후, 영국의 우방인 포루투갈령 로렌수마르케스Lourenço Marques[2]행 기차에 올라탈 계획이었다. 자정 무렵 포로수용소

과 보어인 간에 분쟁이 발생하자, 영국은 자국민을 보호한다는 명분으로 트란스발 공화국에 선전포고를 한다. 이것이 제2차 보어전쟁이다. 트란스발 공화국은 같은 혈통인 오렌지 자유국과 연합하여 7만 명이 참전하고 영국군은 45만 명이 참전한다. 전쟁은 영국의 승리로 끝이 나고 트란스발 공화국, 오렌지 자유국은 모두 남아프리카 공화국에 편입된다.

2 로렌수마르케스: 아프리카 동남부 델라고아(Delagoa) 만에 면한 항구도시로 모잠비크의 수도다. 상업과 무역의 중심지이며 관광, 휴양지로 유명하다.

탈출에 성공한 처칠은 아무것도 보이지 않는 칠흑 같은 밤에 방향을 알려줄 지도나 나침반을 가지고 있지 않았다. 1년 전 이집트 나일강의 사막에서 길을 잃었을 때 별을 따라 길을 찾았던 경험을 떠올렸다. 이번에도 별이 알려주는 길을 따라 걸어가 마침내 기차 철로에 도착했다. 철길을 따라 2시간 정도 걸어가자 기차역에 도착했다. 하지만 어느 기차가 로렌수마르케스행인지 알 수가 없었다. 1시간을 기다리자 석탄을 싣기 위해 탄광으로 돌아가는 기차가 다가왔다. 처칠은 무작정 올라탔다.

배고픔과 갈증을 해결하기 위해 기차에서 내렸다. 한참을 걸어가자 한 탄광촌 마을에 불이 켜진 집이 보였다. 처칠이 포로수용소를 탈출한 이후 처칠에게는 "살았거나 죽었거나 25파운드"라는 현상금이 내걸렸다. 트란스발군은 처칠을 잡기 위해 혈안이 되어 있었다. 만약 불이 켜진 집에 보어인이 살고 있다면 집주인은 포상금을 받기 위해 처칠을 신고할 수도 있었다. 처칠은 망설임 끝에 문을 두드렸다. 하늘이 도왔는지 그 집은 트란스발 공화국에서 몇 되지 않는 영국인이 사는 집이었다. 존 하워드John Howard라는 영국인의 도움으로 로렌수마르케스행 기차를 탄 처칠은 마침내 트란스발을 탈출했다.

처칠의 "습격당한 기관차에서의 부상병 후송", "포로수용소 탈출" 소식은 영국 본토에까지 알려졌다. 처칠은 온 국민의 관심사가 되었다. 영국군이 초기 전투에서 트란스발군에게 연전연패를 하던 기간에 적군의 추격을 따돌리고 탈출에 성공한 처칠은 국민적 영웅이 되었다.

2. 참을 줄 알아야 한다

● 전함 50척이 필요합니다

독일은 폴란드를 시작으로 덴마크, 네덜란드, 벨기에를 순식간에 점령하고 프랑스까지 침공했다. 영국은 프랑스를 돕기 위해 군대를 파견했다. 그러나 독일의 공세를 막을 수 없었고 프랑스의 해안에 위치한 뒹케르크Dunkerque에서 33만 명에 이르는 연합군이 겨우 탈출했다. 그러나 지니고 있던 대부분의 무기들은 해안에 버리거나 파괴해야만 했다. 이때 버리거나 파괴한 전차, 화포 등은 영국이 3개월 이상 걸려야 생산할 수 있을 정도로 그 수가 엄청났다. 따라서 영국은 본토와 자국의 식민지를 지킬 무기가 턱없이 부족했다.

  섬나라 영국은 필요한 물자를 대부분 선박을 통해 수입했다. 영국으로 향하는 선박들과 그 선박을 호위하던 군함들은 독일의 잠수함인 유보트U-boat의 어뢰을 맞고 거의 매일 대서양 한가운데에서 침몰했다. 영국은 본토를 지킬 무기와 구호물자를 나를 상선을 호위할 군함이 절대적으로 필요했다. 이 위기에서 벗어나도록 도와줄 나라는 미국밖에 없었다. 귀족의 후손으로 자존심이 강한 처칠은 누구에게 부탁하는 것을 싫어했다. 부탁이 필요한 경우에도 남들이 뻔뻔하다고 생각할 정도로 당당하게 요구했다. 그런 처칠이었지만 영국이 독일과의 전쟁을 수행하기 위해서는 미국의 군사적 원조가 유일한 해결책이라고 생각했다. 지금은 자신은 물론 한때 세계 4분의 1의 영토를 지배하던 대영제국의 자존심을 내세우기에는 상황이 너무 절박했다.

처칠은 루스벨트 대통령에게 미국의 무기와 군함을 지원해달라는 부탁의 편지를 여러 차례 보냈다. 당시 미국의 국내법상 군수물자의 해외 지원은 의회를 통과해야만 가능했다. "유럽에는 미국의 군인들을 보내지 않겠다"는 공약으로 3선에 성공한 루스벨트에게 처칠의 계속된 편지는 부담일 수밖에 없었다. 루스벨트도 마음으로는 영국과 연합군을 돕고 싶었다. 비록 선거 공약은 '유럽 전쟁 불개입'이었지만 '위기에 처한 가까운 이웃을 도와야 한다'는 양심의 울림은 미국 대통령을 고심하게 만들었다. 유럽에서의 전쟁 개입을 싫어하는 미국 국민들을 설득해야만 했기 때문이었다. 이런 상황을 간파한 처칠은 라디오 연설을 통해 미국 의회와 국민들에게 간절히 호소했다.

1억 3,000만 인구를 가진 대국에서 세 번씩이나 지도자로 선택받은 이 위대한 분에게 제가 영국 국민의 이름으로 어떤 대답을 해야겠습니까? … 우리는 결코 실패하거나 주저하지 않을 것입니다. … 우리에게 도구를 주십시오. 그러면 우리가 그 일을 완전히 끝내버리고 말겠습니다.

처칠의 애걸에 가까운 편지와 연설은 결국 루스벨트와 미국 국민들의 마음을 움직였다. 루스벨트가 의회에 상정한 영국에 무기를 지원한다는 내용의 '무기대여법'은 의원들의 승인을 얻어냈다.

이주 청교도들의 후손인 대부분의 미국인들은 가족의 중요성을 가장 소중한 덕목으로 신봉한다. 따라서 미국은 국내이건 해외이건 간에 자국민의 보호가 항상 우선순위다. 이런 미국인들의 특징을 잘 알고 있던 처칠은 의회 연설에서 자신의 어머니가 미국 사람임을 여러 차례 강조했다. "저는 반쪽은 미국 사람입니다. 우리는 같은 언어를 사용하는 같은 혈통의 형제입니다." 도와주고 싶지만 전쟁에 직접 참여하기를 꺼려하던 미국인의 이중적인 마음을 간파한 처칠은 미국이 미국인의 피가 흐르는 자신의 두 번째 조국임을 강조해서 의원들과 미국 국민의 마음속에 내재된 가족에 대한 사랑을 자극했다.

일본의 진주만 공습으로 결국 미국도 제2차 세계대전에 참전하게 되자, 독일은 일본의 동맹국으로서 미국에 선전포고를 한다. 처칠은 미국으로 건너가 루스벨트와 만나고 의회에 초청을 받아 연설도 하게 된다. 이후에도 처칠은 루스벨트와 수천 통의 편지를 주고받으며 우정과 신뢰를 쌓아갔다.

● 독불장군 드골

프랑스가 독일에 항복한 이후, 프랑스 남부지방 비시Vichy에 페탱을 수반으로 하는 친독일 정부인 '비시 정부'가 수립된다. 4성 장군이었던 페탱은 제1차 세계대전 때는 프랑스의 전쟁영웅이었지만, 제2차 세계대전이 발발하자 독일에 대한 항복을 주도하던 대표적 인물이었다. 육군 준장 출신의 드골Charles De Gaulle은 영국으로 망명하여 '자유 프랑스'라는 임시 정부를 수립한다.

미국이 제2차 세계대전에 참전하자 루스벨트는 프랑스를 대표하는 정부는 비시 정부라고 생각한다. 루스벨트는 비시 정부를 연합군 쪽으로 유도하자는 의견을 처칠에게 전달한다. 루스벨트는 드골이 너무 고집이 세고 독불장군 타입이어서 함께 전쟁을 수행하기에는 리더십이 부족하다고 생각했다. 대부분의 전쟁 물자를 제공하고 수십 만의 미군으로 구성된 연합군의 지도자인 루스벨트 미 대통령의 의견을 처칠은 대놓고 무시할 수 없었다.

하지만 처칠은 런던에서 수십 명에 불과한 프랑스인들을 이끌던 드골을 전쟁이 끝날 때까지 프랑스의 지도자로 예우한다. 드골을 만나면 처칠은 그와 자주 언쟁을 벌였다. 드골은 처칠에게 무리한 요구를 많이 했고, 실질적인 전쟁 수행보다는 프랑스와 자신의 위상을 높이는 데 대화의 많은 시간을 할애했다. 그러나 인간적으로 드골을 좋아한 처칠은 항상 둘이 남아 시가를 나눠 피우며 프랑스어로 대화를 나누면서 화해했다. 드골이 비록 전쟁에는 직접적인 도움을 줄 수는 없었지만, 프랑스 내에서 독일에 저항하는 '레지스탕스resistance[3]'의 정신적 지도자가 드골임을 처칠은 잘 알고 있었기 때문이었다.

제2차 세계대전이 막바지에 이르러 전쟁 후의 세계를 논의하는 자리에서 처칠은 루스벨트를 어렵게 설득해서 드골을 프랑스의 대표자 중

---

3 레지스탕스: 저항을 뜻하는 프랑스어로, 제2차 세계대전 때 프랑스 내의 독일 점령군과 비시 정부에 대한 무력저항운동을 벌이던 단체다.

한 사람으로 참석하게 한다. 처칠의 주도로 프랑스의 대표자로 인정받은 드골은 제2차 세계대전이 끝나고 프랑스에서 총리와 대통령으로 선출된다. 훗날 처칠의 장례식에 참석한 드골은 주요국의 대표자로서 처칠의 마지막 길을 배웅했다.

대통령 드골에 대한 프랑스 국민들의 찬반양론은 지금도 엇갈린다. 전쟁이라는 극단적인 상황에서 전쟁을 수행하고 승리하기 위해서는 국민과 군인들의 정신력 또한 전쟁 물자 이상으로 중요하다. 처칠은 드골을 평가할 때 루스벨트의 의견과 자신의 느낌을 배제하고 전쟁 수행이라는 하나의 목표만을 기준으로 삼았다. 영국의 수상과 맞먹으려는 전직 프랑스 국방부 차관의 오만함보다는 독일에 맞서는 프랑스인들을 이끄는 정신적 지도자로서의 위상을 더 크게 평가했기 때문이었다. 만약 처칠이 개인적인 자존심과 감정에 치우쳤다면, 드골이 전쟁 중 프랑스의 대표자로 인정받지 못했을 가능성이 높다.

● 적의 적은 나의 친구, 스탈린

독일은 제2차 세계대전을 시작하기 전, 후방을 안정시키기 위해서 소련과 독소불가침조약[4]을 체결한다. 혹시 모를 소련과 연합군과의 합동작전을 사전에 차단하기 위한 조치였다. 독일은 소련에게 독소불가침조약

---

4 독소불가침조약: 1939년 8월 23일 모스크바에서 독일 외무장관 리벤트로프(Joachim von Ribbentrop)와 소련 외무인민위원 몰로토프(Vyacheslav Mikhailovich Molotov)가 조인한 상호불가침조약이다.

의 대가로 달콤한 제안을 한다. 독일이 폴란드를 침공하면 소련에게 폴란드의 반을 떼어주겠다는 것과 소련의 동유럽 국가들의 점령을 인정하겠다는 것이었다. 스탈린Iosif Vissarionovich Stalin은 독일의 이런한 제안을 마다할 이유가 없었다.

제2차 세계대전이 발발하고 독일이 유럽의 대부분을 점령했지만 영국의 본토만은 점령하지 못하자, 히틀러는 군 수뇌부의 반대를 무시하고 소련에 대한 침공 계획을 앞당긴다. 자신의 저서 『나의 투쟁』에서 밝혔듯이 히틀러는 독일 대제국을 건설하기 위해서 넓은 영토와 풍부한 자원을 가진 소련 점령은 필수라고 생각했다. 처칠은 사전에 독일의 소련 침공 정보를 보고받고 스탈린에게 여러 차례 경고를 보냈다. 하지만 스탈린은 영국의 이간책으로 생각하고 처칠의 경고를 무시했다.

처칠은 공산주의를 혐오했다. 처칠은 레닌Vladimir Il'ich Lenin이 러시아 공산화 혁명을 일으키자 공산주의의 독재와 지식인들을 포함한 무고한 시민의 숙청을 예상했다. 처칠은 영국 정부에 공산군(적군red army)에 대항해서 싸우고 있는 러시아 정부 군대(백군,white army)를 도와야 한다고 주장했다. 하지만 처칠의 주장은 받아들여지지 않았고 결국 러시아는 공산주의 국가가 되었다.

공산주의 국가의 1인 독재자가 된 스탈린은 자신의 독재체제를 유지하기 위해 수백만 명에 이르는 공산혁명 동지, 지식인, 소수민족 지도자, 그리고 고위 장교들을 숙청했다. 스탈린의 독재 기간 동안 소련에서는 농업 개혁의 실패로 1,000만 명이 굶어 죽었고, 수천만 명의 국민들이 시베리아 등지로 강제이주되는 등 폭압 정치가 이어졌다.

히틀러가 바르바로사 작전Operation Barbarossa[5]을 전격적으로 행동에 옮기자, 처칠은 마음속으로 쾌재를 불렀다. '독일이 악마를 공격했으니 이제 그 악마는 나의 친구다.' 처칠은 스탈린 역시 드골과 같은 입장에서 바라보았다. 소련이 자신이 혐오하는 공산국가이고 잔혹한 억압 정치를 펼치던 스탈린이었지만 독일과의 전쟁에서 이기기 위해서는 소련을 연합국의 일원으로 끌어들이는 것이 반드시 필요하다고 생각했다. 처칠은 독일의 소련 침공 소식을 듣고 그날 밤 라디오 연설을 통해 이렇게 말했다.

나치 제국에 대항하여 싸우는 그 어느 개인도 국가도 우리는 지원할 것입니다. 히틀러와 함께하는 그 어느 개인도 국가도 우리의 적이 될 것입니다.

처칠은 독일에 대한 전쟁을 협의하기 위해 위험을 무릅쓰고 수천 킬로미터 떨어진 모스크바로 날아가서 스탈린과 회담을 했다. 런던에서 모스크바로 가기 위해서는 독일 또는 독일군이 점령하고 있던 노르웨이, 덴마크 등지의 영공을 통과해야만 했다. 처칠이 탑승한 항공기는 늘 격추의 대상이 되었고, 처칠은 그러한 위험은 전쟁의 승리를 위해서는 감당해야 할 당연한 과제로 생각했다. 처칠은 거만하고 괴팍한 성격의 스탈린과 친해지기 위해 러시아 독주毒酒인 보드카를 끝없이 마셔야만

---

5 바르바로사 작전: 제2차 세계대전에서 독일이 소련을 침공한 작전 이름으로, 신성로마제국의 위대한 왕으로 칭송되는 프리드리히 1세(Friedrich I)의 별명이었던 '바르바로사(Barbarosa: 붉은 수염)'에서 유래했다.

했다. 소련은 자신들이 공격받기 직전까지도 동유럽에서의 영토 확장을 위해 독일의 침략을 묵인하고 지원했다.

독일은 소련을 침공한 이후 파상공세로 소련군을 밀어부쳐 모스크바 근처까지 진격했다. 다급해진 스탈린은 처칠에게 미국이 지원하는 모든 전쟁 물자와 구호 물자를 우선적으로 소련으로 보내줄 것을 요구했다. 처칠은 미국으로부터 받은 무기와 구호 물자를 독일의 유보트가 지키는 대서양을 건너 러시아에 보냈다. 스탈린은 이를 감사하기는커녕 당연한 것으로 여겼다. 자신들이 영국군을 대신해서 목숨을 걸고 독일과 싸우고 있다는 것이 이유였다. 사선을 넘어 전쟁 물자를 싣고 간 영국인들은 소련의 환대를 기대했다. 그러나 그들은 소련에 도착하자마자 독일의 스파이가 아닌지 조사부터 받아야 했고 부두에서 냉랭한 대접만 받은 채 본국으로 돌아와야 했다.

처칠은 스탈린의 이기적이고 무리한 요구 조건을 전쟁이 끝날 때까지 가능한 한 참고 들어줬다. 미국이 참전한 후 미국, 소련, 영국 간의 정상회담 장소도 대부분 스탈린이 요청한 장소에서 이루어졌다. 스탈린은 자신의 건강 상태와 신변의 안전을 고려해 소련에서 가깝고 독일의 점령 지역을 통과하지 않는 장소를 원했다. 처칠의 동의로 대부분 스탈린이 제안한 장소에서 정상회담은 이루어졌다. 전쟁이 막바지에 이르러 전후 처리에 대한 계획을 논의하기 위해 미국, 영국, 소련 세 정상은 소련의 우크라이나 지역에 있는 얄타Yalta에서 회담을 갖기로 했다. 얄타 회담Yalta Conference[6]은 한반도에 대한 미국과 소련의 신탁통치에 관한 결정도 포함되어 있었다. 얄타로 가기 전 처칠은 루스벨트와 먼저 회담을 갖기 위해 이탈리아 남부 지중해상에 위치한 몰타Malta로 향했다. 처칠은 그때의 상황을 덤덤하게 기술했다.

나의 직할 참모진과 몇 개 부서의 장교들은 다른 2대의 비행기에 나누어 탔다. 우리 비행기는 1월 30일 새벽 몰타에 도착했다. 그런데 뒤따라오던 비행기 중 한 대가 판텔레리아Pantelleria[7] 부근에서 추락했다는 사실을 알게 되었다. 승무원 3명과 탑승자 2명만 살아남았다.

루스벨트나 스탈린을 만나기 위해 위험을 무릅쓰고 회담 장소로 갈 때마다 처칠은 생각했다. 전쟁에서 승리해야 한다는 가장 중요한 목표 앞에서는 죽음에 대한 공포나 자존심은 내려놓아야 할 거추장스러운 외투일 뿐이라고.

---

6 얄타 회담: 1945년 2월 4일~11일 우크라이나 얄타에서 처칠, 루스벨트, 스탈린이 모여 전후 처리를 협의한 회담. 한반도를 미국과 소련이 위도 38도선을 기준으로 남과 북에 새로운 정부가 들어설 때까지 신탁통치한다는 내용도 포함되어 있었다.

7 지중해 시칠리아 해협에 위치한 이탈리아의 섬.

3. 리더의 용기

● 비행기를 모는 해군장관

처칠이 해군장관에 취임할 당시 대영제국의 해군력은 세계 최강이었다. 처칠은 장관에 취임한 첫해부터 3년 동안 영국 근해와 지중해의 수백 개에 달하는 해군 기관과 기지를 군함을 타고 전부 방문했다. 처칠은 직접 방문을 통해 하급 장교들과 부사관, 수병들의 급여와 근무 조건을 향상시키는 데 주력했다. 처칠은 하루에 18시간을 일하며 해군에 대해서 공부했다. 그와 동시에 해상에서의 전쟁 기술도 배워나갔다. '해군장관이라면 해군을 직접 지휘할 수 있어야 한다'는 그의 소신 때문이었다. 처칠은 해군이 전통이라고 말하던 잘못된 관행들을 하나씩 고쳐나갔다. 해군의 고위 장성들은 이런 처칠에 대해 극도의 불만을 표출했다.

처칠은 석탄으로 운항하던 영국의 모든 함선을 석유 연료로 대체하는 작업도 시작했다. 석유로 대체했을 때 함선의 정비가 쉬워지고 효율도 높아지기 때문이었다. 함선의 운항 속도 또한 빨라졌다. 당시의 영국은 북해 유전이 발견되기 전이어서 석유를 전적으로 수입에 의존하고 있었다. 따라서 전시에는 석유 공급이 중단될 가능성도 많았다. 처칠은 안정적인 석유 공급을 위해 페르시아(현재의 이란)로부터 석유를 조달하는 영국계 석유회사의 지분을 과반수 이상 인수하도록 영국 정부를 설득했다. 영국 정부는 최대 주주가 되었다. 이 회사는 최초 '앵글로 페르시안 석유회사Anglo-Persian Oil Company'라는 이름으로 설립되었다. 현재는 영국의 최대 기업이며 미국의 엑슨-모빌Exxon Mobil에 이어 세계 2위의 메이저 석유회사인 BPBritish Petroleum로 불리고 있다.

처칠은 육군 출신 해군장관이었지만 비행기에도 관심이 많았다. 1903년 미국의 라이트 형제Wright brothers는 세계 최초로 비행기를 발명했다. 라이트 형제가 인간의 오랜 꿈이었던 비행기를 만들었지만 그렇게 빨리 대중화가 될 것이라고는 아무도 예측하지 못했다. 처칠은 누구보다도 먼저 비행기의 무궁한 발전 가능성을 간파했다. 1909년 처칠은 통상장관이면서 영국 국방위원회를 맡고 있었다. 처칠은 영국 정부가 항공 문제를 심각하게 받아들이지 않는 점을 우려했다. 그는 국방위원회 회의에서 이렇게 말했다.

오빌 라이트Orville Wright(라이트 형제 중 동생)와 연락을 취해 그의 생각을 알아냅시다.

처칠은 해군장관이 되자마자 비행술을 배워 서너 달 후에 처음으로 비행을 했다. 1910년대에 비행을 한다는 것은 매번 생사를 걸어야 할 정도로 위험한 일이었다. 비행사들은 제대로 된 낙하산도 없이 비행을 해야 했다. 처칠을 가르친 교관은 처칠과의 비행 다음날 추락 사고로 사망했다. 그 당시의 비행기는 결함이 많았다. 처칠 자신도 비행 도중 여러 번 위험한 상황을 경험했다. 한번은 처칠이 몰던 비행기가 추락하여 화염에 휩싸이는 사고가 발생한 적이 있었다.

비행기는 시속 약80킬로미터의 속도로 땅에 곤두박칠쳤다. 왼쪽 날개가 산산조각이 나면서 프로펠러와 기수가 땅에 박혔다. 다시 한 번 어마어마한 힘으로 마치 새로운 차원의 세계로 빨려들어가는 듯한 느낌을 받았지만, 벨트에 묶여 가슴을 옥죄는 참을 수 없는 압박감으로 숨을 쉴 수가 없었다.

하지만 처칠의 비행기에 대한 애착은 식을 줄 몰랐다. 오히려 그런 상황을 즐기며 비행에 참가했다. 처칠은 최초로 해군에 항공대를 창설했고, 항공모함의 필요성도 제기했다. 처칠은 제1차 세계대전이 발발하기 전부터 앞으로의 전쟁에서는 비행기의 역할이 전쟁의 양상을 바꾸어놓을 것이라고 예언했다. 자신이 직접 비행기를 몰며 '전투기'라는 신무기의 가능성을 실제로 경험했기 때문이었다.

나는 많은 조종사들과 모든 종류의 기계 장치들과 함께 140번 가까이 창공으로 올라갔기에 창공에서의 어려움과 위험, 그리고 즐거움을 이해하고, 또한 가까운 미래에 발생할 모든 정책 문제를 이해할 정도로 비행기에 대해 충분히 알고 있다.

비행기를 전쟁에 효과적으로 이용한 나라는 세계대전을 다시 일으킨 독일이었다. 독일은 '전격전Blitzkrieg'이라는 새로운 형태의 전술로 전

광석화와 같이 침공 작전을 수행했다. 슈투카^{Stuka} 급강하폭격기가 먼저 폭격을 하여 상대 진영을 초토화시키면 전차가 빠르게 진격하여 상대를 양분하고 양분된 적을 상대로 공수부대와 보병이 진격하여 각개격파를 하는 식이었다. 이런 형태의 새로운 전술로 독일은 폴란드를 시작으로 유럽의 국가들을 차례로 점령해나갔다. 슈투카 급강하폭격기는 수직으로 급강하할 때 요란한 사이렌 소리를 냈는데, 지상의 병사들은 사이렌 소리만으로도 공포를 느꼈다. 독일 축구가 전차군단이라는 별명을 갖게 된 것도 제2차 세계대전 때 물밀 듯이 진격하던 전차부대에서 유래한 것이다.

프랑스로부터 항복을 받아낸 독일의 다음 목표는 영국이었다. 그러나 영국의 경우는 바다가 가로막혀 있어 전차를 앞세운 전격전을 쓸 수가 없었다. 슈투카 급강하폭격기가 폭격을 한다 해도 전차와 보병이 빠르게 진격할 수 없는 지리적 불리함이 있었던 것이다. 히틀러도 이런 상황을 잘 알고 있었기에 영국에 '평화조약'을 제안했다. 말이 평화조약일 뿐이지 항복을 유도한 것이었다.

처칠이 수상에 취임하기 전 영국 내에는 독일과의 전쟁은 승산이 없다는 분위기가 팽배해 있었다. 존 F. 케네디의 부친인 영국 주재 미국대사 조지프 케네디^{Joseph P. Kennedy Sr.}는 "영국은 참전을 포기할 것으로 보인다"라고 루스벨트에게 전문을 보낼 정도였다. 처칠은 수상에 취임하고 그 유명한 "피와 노고, 눈물과 땀" 연설을 통해 독일과의 결사항전을 대내외에 천명했다. 히틀러는 영국이 '평화조약'을 거부하자 영국을 침공하기로 결정한다. 그러나 독일 공군이 영국 공군의 끈질긴 저항에 부딪

히자, 결국 히틀러는 영국 점령 계획을 포기한다. 처칠이 제1차 세계대전 때 예언한 '미래의 전쟁에서 비행기가 차지하는 전략적 중요성'이 정확히 입증된 경우였다. 영국 공군이 수적인 열세에도 불구하고 독일 공군의 침공을 저지하자, 처칠은 다음과 같은 유명한 말을 남긴다.

이렇게 많은 사람들(영국 국민)이, 이렇게 많은 빚(독일 공군 저지)을, 이렇게 적은 사람들(영국 조종사)에게 진 적은 없었습니다.

(Never was so much owed by so many to so few.)

● 폭격 맞은 참호

제1차 세계대전이 시작되자 수개월이면 전쟁이 끝날 것이라고 독일과 연합군은 입을 모아 장담했다. 그러나 예상과는 달리 전쟁은 2년을 넘기고 있었다. 양쪽 진영은 참호를 파고 서로에게 총알과 포탄을 퍼붓는 지리한 공방전만 계속했다. 참호는 프랑스와 독일 국경을 따라 남북으로 수백 킬로미터에 달했다.

다르다넬스 해전 참패의 책임을 지고 해군장관직을 사임한 처칠은 명예회복과 영국군에 도움을 줄 수 있는 방법으로 '재입대'를 선택했다. 처칠은 참호에서 전투 중인 부대에 중령으로 입대했다. 해군장관이었던 고위 인사가 육군 중령으로 자원입대한 경우는 영국군 역사상 처음 있는 특이한 경우였다. 참호의 상황은 예상보다 더 좋지 않았다. 참호의 바닥은 배수가 잘 되지 않아 늘 진흙탕이었고 목욕시설은 상상할 수도 없었다. 처칠은 부임하자마자 해군 부대를 방문했을 때처럼 장교들보다는 사병들에게 더 신경을 썼다. 장교들은 갑자기 나타난 해군 출신 상관의 간섭이 달갑지 않았다. 처칠은 이미 총알이 빗발치는 전장을 누빈 경험이 많았기 때문에 프랑스 최전방에서도 모든 상황을 담담하게 받아들였다.

어둠이 내리자 사방이 고요한 가운데 행군하는 발소리와 간간이 터지는 포성만이 귀를 자극했다. … 우리가 뇌브 샤펠Neuve Chapelle 마을 근처의 도로 표지판 부근을 걸을 때 너댓 발의 총알이 우리를 맞이했다. "총알이 너무 높군요." 내가 한마디했다. "매번 그러길 바랍니다." 연대장이 내 말을 받아 말했다.

처칠은 부하들과 함께 참호를 지키던 중 본부로부터 호출을 받았다. 부대 사령관의 전직 해군장관에 대한 예우 차원의 면담 요청이었다. 사령관은 자리에 없었다. 처칠을 기다리던 중 급한 용무가 있어 본부를 떠났다고 부관이 알려주었다. 처칠은 다시 부대로 돌아와야 했다. 부대로 돌아오자 부대원들이 이리저리 오가면서 야단법석이었다. 부사관 한 명이 오더니 상황을 설명했다.

"중령님이 참호를 떠나시고 5분 뒤에 독일군 포탄이 날아와 참호에 있던 부대원이 그 자리에서 죽었습니다."

처칠은 참호 폭격 이후에도 계속 같은 부대에서 복무했다. 전쟁의 최전방에서 1년을 보낸 처칠은 런던으로 돌아와 군수장관직을 수행했다.

처칠은 자신의 회고록에 그때의 감상을 이렇게 기록했다.

누군가가 손을 뻗어서 절체절명의 순간에 나를 치명적인 장소에서 끌어내
주었다는 강렬한 느낌을 받았다.

군대에서 계급을 낮춰 복무하는 것은 가장 치욕적인 처벌이다. 당사
자에게는 치욕을 감수하던가 아니면 군을 떠나라는 의미로 받아들여진
다. 처칠은 자진해서 강등을 선택해 생사를 넘나드는 프랑스 최전방으
로 향했다. 처칠이 젊었을 때부터 전쟁터를 찾아다니고 장관직을 버리
고 프랑스 참호를 택한 이유는 모두 다르다. 하지만 한 가지 분명한 것
은 그가 전쟁의 직접적인 경험을 통해 많은 것을 배웠다는 사실이다.

"전쟁의 참상은 잔혹하다. 앞으로의 전쟁은 더 잔혹해질 것이다. 전쟁
은 막아야 하지만 전쟁이 일어난다면 아군의 피해를 최소화하면서 이
겨야 한다. 그러기 위해서는 완벽한 작전과 유능한 지휘관이 필요하다".

이러한 처칠의 경험과 다짐은 제2차 세계대전 당시 '됭케르크 철수작
전'과 '노르망디 상륙작전'에서 분명하게 드러났다.

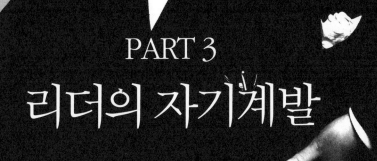

PART 3
리더의 자기계발

처칠이 공부한 고전들은 처칠에게 세상을 바라보는 시야를 넓혀주었다. 처칠이
미래를 예측하는 통찰력을 가질 수 있었던 것도 젊은 시절의 깊이 있는 독서와 냉
철한 사색의 결과물이었다. 처칠은 책을 통해 자신의 통찰과 신념을 사람들에게
알렸다. 출판 당시에는 영국에서 아무도 처칠의 말에 귀를 기울이지 않았지만, 전
쟁을 준비하던 히틀러는 처칠의 책을 읽고 처칠을 가장 두려워했다.

1. 리더와 리딩

● 라틴어·그리스어 낙제생 영어공부만 3년

처칠의 아버지는 12살 된 처칠을 해로 스쿨Harrow School에 입학시키기로 한다. 해로 스쿨은 300년의 전통을 자랑하는 명문 사립학교다. 처칠은 해로 스쿨에 입학하기 위해 라틴어 시험을 쳤다. 그는 이름만 적고 백지로 시험지를 제출했다. 한 문제도 풀지 못했기 때문이었다. 하지만 다행히 합격 통보를 받는다. 재무장관을 지낸 유력 정치인인 아버지 랜돌프 처칠 경의 후광으로 입학한 것으로 처칠 전기 작가들은 추정한다.

처칠은 필수 과목인 라틴어와 그리스어 과목에서 번번이 낙제하는 바람에 상급반으로 진급하지 못했다. 처칠은 실생활에 쓰이지도 않는 라틴어와 그리스어를 왜 배워야 하는지 이해할 수가 없었다. 배워야 할 필요성과 당위성을 느끼지 못하자 자연히 수업에 대한 흥미가 떨어질 수밖에 없었다. 처칠은 낙제한 학생들만 모인 하급반에서 3년 동안 영어 수업만 받았다. 그렇게 3년간 영어 수업만 받은 처칠은 영어의 달인이 된다. 처칠은 그때를 이렇게 회상했다.

나는 다른 학생들보다 3배나 더 오래 하급반에 있었기 때문에 영어를 3배나 더 공부한 셈이었다. 라틴어와 그리스어를 배운 똑똑한 동창생들이 생계나 출세를 위해 다시 보통의 영어를 쓰지 않으면 안 되었을 때도 나는 그들에게 전혀 뒤지지 않았다.

처칠이 신문과 잡지에 1,000개가 넘는 기사를 기고하고 소설을 쓰고 명연설을 하게 된 기초도 자신의 모국어인 영어를 철저히 공부했기 때문이었다. 광고사 대표이자 작가인 박웅현이 말했듯이 자국민의 심금을 울리는 것은 결국에는 모국어로 표현된 말이다. 처칠은 영어를 그냥 잘하는 정도가 아니라 아주 수준 높은 영어를 자유자재로 구사했다. 1963년 케네디 대통령은 처칠에게 명예 미국시민권을 주면서 이렇게 말했다.

"처칠 경은 영어를 동원시켜 전쟁터에 보냈습니다."

처칠의 연설과 문장들을 한국어로 번역된 글로 읽으면 우리는 '뭐 이 정도 글을 가지고 영어의 마술사라고 할까?' 의문이 들 수도 있다. 그 이유는 우리가 영어로 된 원문을 함께 읽어보지 못했기 때문이다. 한국 사람이 영어를 모국어로 쓰는 사람들의 처칠의 말과 글에 대한 느낌을 간접적으로 느껴보고 싶다면 소설가 김훈의 글을 읽어보라. 김훈이 전국을 자전거로 여행하면서 느낀 감상을 글로 남긴 책이 있다. 이 책에서 김훈은 어느 지방에서 먹은 봄냉이된장국에 대한 자신의 느낌을 이렇게 표현했다.

된장과 인간은 치정관계에 있다. 냉이된장국을 먹을 때 된장 국물과 냉이 건더기와 인간은 삼각치정관계다. 이 삼각은 어느 한쪽이 다른 두 쪽을 끌어안는 구도의 치정이다. … 된장은 냉이의 비밀을 국물로 끌어내면서 냉이는 냉이대로 온전하게 남겨둔다.

- 김훈의 『자전거여행』 중에서

이글을 읽다 보면 냉이된장국의 모습과 맛이 그대로 느껴진다. 글로도 맛을 느낄 수 있다는 말이다. 이러한 문장은 한국어를 자유자재로 구사할 수 있는 사람만이 표현할 수 있다. 김훈의 냉이된장국에 대한 느낌을 영어나 프랑스어로 번역한다고 했을 때 과연 제대로 살릴 수 있을까? 대강의 의미는 번역할 수 있겠지만 작가가 느낀 감상을 완벽하게 전달하기는 어려울 것이다. 또 김훈은 소설 『칼의 노래』에서 소설의 주인공인 이순신이 되어 분노의 감정을 다음과 같은 절제된 문장으로 표현했다.

나는 정유년 4월 초하룻날 서울 의금부에서 풀려났다. 내가 받은 문초의 내용은 무의미했다. 위관들의 심문은 결국 아무것도 묻고 있지 않았다. 그들은 헛것을 쫓고 있었다. 나는 그들의 언어가 가엾었다. 그들은 헛것을 정밀하게 짜맞추어 충忠과 의義의 구조물을 만들어가고 있었다. 그들은 바다의 사실에 입각해 있지 않았다. 형틀에 묶여서 나는 허깨비를 마주 대하고 있었다. 내 몸을 으깨는 헛것들의 매는 뼈가 깨어지듯이 아프고 깊었다. 나는 헛것의 무내용함과 눈앞에 절벽을 몰아세우는 매의 고통 사이에서 여러 번 실신했다.

- 김훈의 『칼의 노래』 중에서

만약 우리가 지금 조선 시대에 살고 있고 임진왜란 도중에 이순신 장군의 이런 글을 읽게 된다면 아마도 왕에 대한 분노와 더불어 조선 조정에 허위 정보를 흘려 이순신 장군을 죽음의 직전까지 몰고 간 일본군에 대한 전의戰意로 불타지 않을까? 애국심이나 용기는 지식을 통해 얻어지는 것이 아니다. 리더의 말과 글이 솔직함과 진정성을 담고 있을 때 사람들은 희망과 용기를 갖게 되고 애국심으로 이어진다.

김훈이 과거 구한말 시절로 돌아가 자신의 주관대로 신문에 글을 쓸 수 있는 주필이 된다면《황성신문》의 장지연처럼 글을 쓰지 않을까 상상해본다. 1905년 11월 9일, 후일 안중근 열사에게 저격당하는 이토 히로부미伊藤博文가 일본 왕의 친서를 들고 서울에 온다. 이토 히로부미는 고종에게 일본 왕의 보호를 받는다는 조약을 체결하라고 강요한다. 11월 17일 고종이 빠진 어전회의에서 이완용을 비롯한 친일파 신하들이 을사조약을 체결한다. 을사조약의 주된 내용은 "대한제국의 외교권을 박탈한다"였고 "대한제국이 부강해질 때까지"라는 의미없는 부연 설명이 달려 있었다. 서울 왕실에서 큰 저항 없이 벌어진 매국의 조약은 일부 지식인을 제외하고 대부분의 대한제국 국민은 알지 못했다. 이에 분개한《황성신문》의 주필 장지연은 '오늘에 이르러 목놓아 통곡한다'는 뜻의 '시일야방성대곡(是日也放聲大哭)'이라는 사설을 신문에 게재하여 을사조약의 부당성을 격렬한 논조로 비판했다. 이글을 읽은 많은 사람들이 일본의 침략을 알게 되었고, 이는 항일 독립투쟁의 시발점이 되었다.

한 사람의 말과 글은 여러 사람을 감상에 젖게 할 수도, 분개하게 할 수도 있다. 보통의 리더가 김훈이나 처칠처럼 사람들의 뇌리에 박히는 명문장을 쓴다는 것은 매우 어려운 능력일 수도 있다. 하지만 처칠도 김훈도 평소에 모국어를 사랑하고 끊임없이 글로 남기는 연습을 했기에 가능한 일이었다.

요즘에는 리더들이 SNS에 자신의 생각이나 주장을 온라인상에서 표현하는 것이 일상적인 일이 되고 있다. 사람들과 소통한다는 것은 리더가 가져야 할 좋은 자세다. 중요한 것은 '어떠한 말과 글로 소통하느냐'하는 것이다. 글의 목적이 특정인을 폄하하기 위해서라던가 자신의 생각과 행동을 부각시키기 위한 것이라면 그 리더의 자질을 의심해봐야 한다. 대부분의 이런 글들은 자극적인 용어를 사용한다. 말과 글에는 타인에 대한 배려와 품위가 담겨 있어야 한다. 배려와 품위가 담기지 않은 글은 화려한 낱말들의 나열일 뿐이다. 향기가 없는 진짜 같은 조화처럼.

처칠은 말과 글의 중요성을 일찍부터 알고 있었다. 육군사관학교를 졸업하고 군대에 배치받았을 때에도 그 생각은 계속 이어졌다. 처칠은 처음에는 밥벌이 수단으로 모국어를 활용했다. 하지만 영국이 독일과의 전쟁에 돌입하자 그의 글과 말은 단순히 밥벌이 수단이 아니었다. 전쟁으로 인한 공포와 절망에 빠진 영국 국민들에게 자신의 장점인 글과 연설을 최대한 활용하여 영국인들을 하나로 모았고 포기하지 않는다면 언젠가는 승리할 것이라는 희망을 갖게 했다.

● 독서에 빠진 기병대 장교

처칠은 샌드허스트 육군사관학교를 졸업하고 기병부대 장교로 임관한다. 처칠이 속한 기병부대는 영국의 식민지 중 하나인 인도로 파병이 결정되었다. 그는 임관 초기에 기본적인 교육을 받으면서 부대 내에서 유행하던 폴로 경기에 재미를 느껴 폴로 연습에 몰두했다.

어느 정도 부대에 적응한 처칠은 군사학 이외의 다른 분야에 대한 기초적인 지식이 부족하다는 것을 느꼈다. 이때부터 그는 독학으로 역사, 철학, 경제학 등 다양한 분야의 책들을 탐독한다. 한낮에 40도를 오르내리는 인도에서 군인들은 보통 그늘에서 낮잠을 자거나 카드놀이를 하며 시간을 보냈다. 하지만 처칠은 7개월 동안 매일 네다섯 시간씩 책을 읽었다. 에드워드 기번Edward Gibbon의 『로마제국 쇠망사』를 시작으로 플라톤Platon의 『국가』, 아리스토텔레스Aristoteles의 『정치론』, 쇼펜하우어 Arthur Schopenhauer의 『염세론』, 맬서스Thomas Robert Malthus의 『인구론』, 다윈 Charles Darwin의 『종의 기원』 등을 읽었다. 종교에도 관심을 가지게 되면서 불교의 전생과 후생의 의미도 알게 된다. 과학 관련 책을 읽은 후에는 대부분의 과학적인 사실이 수학을 통해서 증명된다는 것도 깨우치게 된다. 관련 분야를 독학하면서 책을 읽었기 때문에 책의 내용을 완전히 이해하지 못할 때가 많았다. 하지만 군대 내에는 자신의 의문을 해결해줄 수 있는 사람이 없어 늘 아쉬웠다.

'그 해답은 무엇무엇을 읽어야 알게 된다. 그 두 가지를 알아야 비로소 논리의 요점을 파악할 수가 있다'든가 또는 '그 문제에 관해서는 훨씬 더 좋은 책이 있다'든가 하는 것을 말해주는 이가 없었다. 나는 이제야 비로소 문제의 요점을 가르쳐주는 훌륭한 학자들이 있는 대학의 젊은이들이 부럽다는 생각을 하게 되었다.

독학으로 세상의 이치를 깨우친 지도자가 프랑스에도 있다. 한때 전 유럽을 프랑스의 지배하에 있게 한 나폴레옹 보나파르트^{Napoléon Bonaparte}다. 나폴레옹은 프랑스의 변방 코르시카^{Corsica} 섬 출신이다. 코르시카는 오랫동안 이탈리아의 지배를 받다가 프랑스에 편입된 지역이었다. 나폴레옹은 15살 때 파리의 육군사관학교^{École Militaire}에 입학한다. 나폴레옹은 이탈리아식의 이상한 프랑스어를 사용해 늘 또래 아이들의 놀림의 대상이 되었다.

나폴레옹은 친구들의 따돌림에 아랑곳하지 않고 독서에 매달렸다. 어릴 적 나폴레옹에게 가장 큰 영향을 준 책은 그리스의 영웅과 로마의 영웅을 비교하여 서술한『플루타르크 영웅전』이었다. 소년 나폴레옹은 한니발과 카이사르 등의 전기를 읽으며 꿈을 키워나갔다. 육군사관학교 시절 수학과 역사에 재능을 보였을 뿐만 아니라 정치, 경제, 천문, 지질, 기상 등 다양한 분야의 책을 읽었다. 이집트와 인도의 역사 및 지리에 관심이 많았고 터키와 몽골의 문화와 풍습을 연구하기도 했다.
프랑스군 총사령관이 되어서도 나폴레옹의 독서열은 식지 않았다. 원정을 떠날 때 1,000여 권의 책을 실은 마차와 수백 명의 사서^{司書}, 고고학자까지 동원되었다. 이집트 원정에서 '로제타석^{Rosetta Stone}'¹'을 발견한 유명한 일화도 있다. 나폴레옹의 애독서 중에는 손무가 지은『손자병법』

도 포함되어 있었다. 나폴레옹의 분야를 가리지 않는 독서는 상상력의 원동력이 되었다. 그 무한한 상상력은 전장에서 다양한 전술을 창조하게 했다. 나폴레옹은 일반적인 전투 형태가 아니라 지형과 상황에 맞는 다양하고 새로운 전투 방식을 사용함으로써 연승할 수 있었다. 세인트헬레나Saint Helena 섬 유배 당시 나폴레옹의 재산 목록에는 8,000여 권의 장서가 포함되어 있었다. 나폴레옹이 죽은 뒤 유배지의 서재에는 2,700여 권의 책이 남아 있었다. 나폴레옹은 죽을 때까지 손에서 책을 놓지 않았다.

처칠의 독서는 처칠 자신에 대한 자각에서 비롯되었다. 그가 해로 스쿨에서 공부한 것은 영어로 된 시나 산문이 전부였다. 그리스 고전이나 로마의 역사서들을 공부하기 위해서는 그리스어와 라틴어를 알아야 했다. 당시의 명문 학교들은 대부분의 고전을 원문으로 가르쳤다. 처칠은 그리스어와 라틴어 시험에서 번번이 낙제했기 때문에 그리스나 로마의 고전을 공부할 기회 자체가 없었다. 처칠이 육군사관학교에 입학하여 배운 것도 군사학과 관련된 과목뿐이었다. 처칠은 이런 과목들에 흥미가 있었고 더 깊이 알고 싶은 과목은 아버지에게 부탁해 필요한 책을 구해서 공부했다. 처칠은 이 시기부터 공부에 재미를 느끼게 되었고 점차 지식 탐구의 범위을 넓혀갔다. 리더십의 대가 존 맥스웰John C. Maxwel은 자신의 저서『리더십 불변의 법칙』에서 이렇게 밝혔다.

---

1 로제타석: 1799년 나폴레옹의 이집트 원정 시 나일강 하구에 위치한 '로제타 마을'에서 발견한 비석 조각으로, 이집트 상형문자를 해독하는 데 중요한 자료로 평가된다. 현재 영국 대영박물관에 소장되어 있다.

지식이 있다고 해서 리더가 되는 것은 아니지만, 지식이 없다면 리더가 되는 것은 불가능하다.

처칠이 공부한 고전들은 처칠에게 세상을 바라보는 시야를 넓혀주었다. 처칠이 미래를 예측하는 통찰력을 가질 수 있었던 것도 젊은 시절의 깊이 있는 독서와 냉철한 사색의 결과물이었다.

● 리더의 연설은 리딩에서 출발한다

2017년 2월 오바마Barack Obama 미국 대통령은 60%라는 높은 지지율로 레임덕lame duck 없이 퇴임했다. 오바마 대통령의 높은 인기는 그의 감동적인 연설이 미국인들의 가슴속에 남아 있기 때문이다. 오바마는 2004년 민주당 전당대회 연설로 주목을 받기 시작했다. 연설 제목은 "담대한 희망"이었는데, 자신이 펴낸 같은 제목의 책에 이런 내용이 있다.

부모님은 제게 아프리카말로 이름을 지어주셨습니다. 바로 "버락"입니다. 축복을 뜻합니다. 이 이름에는 관용의 나라인 미국에서 사람의 이름이 성공의 걸림돌이 될 수 없다는 믿음이 서려 있습니다.

오바마의 연설을 들은 많은 흑인과 라틴계 사람들은 자신들이 당당한 미국 시민이라는 자신감을 되찾았고, 백인들은 '강자의 관용'을 강조했던 링컨을 떠올렸다. 오바마의 감동적인 연설은 다양하고 깊이 있는

독서에서 비롯되었다. 2017년 1월 17일《뉴욕 타임스The New York Times》
에 이런 제목의 기사가 실렸다. "백안관에서 오바마가 살아남는 법: 책".
기사 내용은 이렇다. "에이브러햄 링컨 이후 버락 오바마처럼 책읽기와
글쓰기로 자신의 인생관과 신념, 세계관을 형성한 대통령은 없다." 기자
가 오바마에게 "힘든 결정은 어떻게 내렸는가?"라고 묻자, 오바마는 매
일 잠들기 전 1시간 동안 링컨, 루스벨트 같은 역대 대통령의 전기와 철
학, 역사책을 보면서 '그들이라면 어떻게 결정했을까?' 하고 생각했다고
대답했다. 그런 사색과 독서의 결과물이 3,200만 명에 달하는 저소득계
층 사람들을 위한 의료보험 개혁 법안인 '오바마 케어Obama Care'[2]다. 오바
마의 겸손하면서 깊이 있는 연설문은 예비 정치인들의 교과서가 되고
있다. 오바마의 자서전은 한 편의 문학작품을 읽고 있는 착각을 들게 할
정도로 뛰어난 문장력을 보여준다.

　비서관이 대신 써준 리더의 연설은 사람들에게 감동을 줄 수 없다. 그
런 연설은 영혼 없는 화려한 언변일 뿐이다. 깊은 사색을 통한 합리적인
논리에 자신의 경험과 진심이 더해진 연설문만이 감동을 줄 수 있다. 연
설문을 직접 쓸 수 있는 능력의 출발점은 독서다. 제2차 세계대전 중에
영국인들에게는 '처칠의 BBC연설 듣기'가 일반화된 생활습관이었다.
처칠은 모든 연설문을 자신이 직접 작성했다. 처칠의 연설은 자신이 읽
은 책을 통해 재생되고 창조된 문장들이었다. 처칠은 자신의 수필집에

---

2 오바마 케어: 버락 오바마 대통령이 주도하는 미국의 의료보험 시스템 개혁 법안으로, 전 국민
의 건강보험 가입을 의무화하는 내용을 골자로 하고 있다. 2014년 1월부터 시행되었다.

서 독서를 해야 하는 이유을 이렇게 밝혔다.

> 평생을 바치더라도 모두 맛보기는커녕, 감탄만 하기에도 벅찰 정도로 방대한 양의 현인과 성자, 역사가, 과학자, 시인, 철학자들의 업적 앞에서, 삶의 기간이 짧다는 자각만이 우리의 가슴을 아리게 만든다.

해로 스쿨 시절, 영어로 된 수많은 시와 문학작품들은 처칠에게 즐거움과 감동을 주었다. 인도 파병 시절에 읽었던 역사, 철학, 전기, 과학 등 다양한 분야의 서적들은 처칠에게 인간에 대한 탐구와 세상을 보는 또 다른 시선을 선물했다. 처칠의 경험과 독서는 책으로 출간되었고 중요한 연설에 영감을 주었다. 이렇게 이어진 처칠의 연설은 영국 국민들을 위로하고 용기를 주는 데 결정적인 역할을 했다.

진정한 리더는 언제 완성될까? 그 출발은 언제일까? 리더의 출발과 완성은 리딩reading, 즉 독서로 시작해서 독서로 완성된다. 리더는 여러 가지의 다양한 상황에서 판단과 결정을 내려야 한다. 리더라도 실제 경험에는 한계가 있을 수밖에 없다. 무슨 일이 발생할지 전부 예상할 수도 없다. 이럴 때 간접 경험이 필요하고 그 간접 경험을 얻을 수 있는 가장 좋은 방법은 독서뿐이다. 흔히 "역사는 반복된다"고 말한다. 하지만 그 반복되는 역사를 제대로 연구하고 참고하는 리더는 소수에 불과하다. 그 소수의 리더들은 독서를 통해 미래를 준비하고 실제로 예상된 상황이 발생했을 때 당황하지 않고 올바른 판단을 할 수가 있다.

처칠은 처음에는 돈을 벌기 위해, 그리고 유명해지기 위해 글을 썼다.

그렇게 시작된 글쓰기는 자신의 국가와 국민, 나아가 자유민주주의를 지향하는 모든 사람들을 지켜야 한다는 사명감의 표현으로 발전했다.

2. 리더의 글쓰기

● 나의 청춘기

처칠의 자서전 『나의 청춘기』를 통해 처칠 인생의 전반기를 상세히 알수 있다. 블레넘 궁에서 태어난 평범하지 않은 출생, 부모님의 무관심으로 불우했던 어린 시절, 낙제를 거듭하던 고등학교, 삼수 끝에 겨우 합격한 육군사관학교, 전쟁포로가 되었다가 탈출한 얘기까지 한 편의 드라마를 보는 착각이 들 정도다. 처칠은 군 복무와 동시에 종군기자로 활동했다. 처칠이 참전하여 신문사에 기고한 전쟁의 기록은 여러 권의 책으로 출간되었고, 이를 통해 그는 정식 작가로 인정받았다.

우리가 어느 사람의 사상이나 지향하는 삶의 방향을 알고 싶다면 그의 자서전을 읽어보면 가장 정확한 답을 얻을 수 있다. 자서전에는 개인의 인생에 영향을 주는 여러 요소가 적혀 있다. 부모님이 어떤 사람이었는지, 태어나고 자란 곳의 문화는 어떠했으며, 어떤 교육을 받았는지, 누구 가깝게 지냈는지, 그리고 어떤 상처와 고민이 있었는지 자세히 알수 있다.

작가 조성일은 『나의 인생이야기, 자서전 쓰기』에서 자서전을 써야하는 이유를 이렇게 말했다.

첫째, 내가 누구인지를 인식하게 해준다.

둘째, 나 자신과 화해하는 치유 효과가 있다.

셋째, 후손들에게 물려줄 정신적 유산이다.

90년 전에 쓰여진 처칠의 자서전에는 서문이 없다. 따라서 왜 자서전을 썼는지는 알 수 없다. 하지만 처칠의 삶을 거울 삼아 상상력을 동원해보면 그 이유를 짐작해볼 수 있다. 『나의 청춘기』는 이 3가지 모두를 포함하고 있는 듯하다.

조성일 작가는 "인생살이를 설계할 때 가장 중요한 요소가 무엇인가, 설계도의 주인공인 내가 누구인지를 알아야 그림을 제대로 그릴 것 아닌가."라고 말한다. 처칠은 자신의 장단점을 어릴 적부터 분명하게 알고 있었다. 인생의 목표도 확실했다. 그것은 바로 '아버지처럼 훌륭한 정치인이 되는 것'이었다. 처칠은 자신의 꿈을 잊지 않았고 그 꿈을 향해 하나씩 준비했다. 결국에는 아버지가 역임했던 재무장관에 취임했고 65세가 되어서는 수상직에까지 올랐다.

처칠은 어린 시절에 상처가 많았다. 처칠의 부모는 어린 아들을 기숙학교에 맡기고는 한 번도 찾아오지 않았다. 체벌이 일상이었던 기숙학교에서 밤하늘의 별을 보며 엄마를 그리워하던 소년. 한 번만 찾아와달라는 편지를 수차례 보냈지만 끝내 오지 않은 엄마. 학교 근처에서 선거유세만 하고 돌아가버린 아버지. 처칠은 상처받은 자신의 마음을 글로 달래며 자신에게 냉정한 부모님을 이해하려고 노력했다.

조성일 작가의 말처럼 자식들은 부모의 삶에 관심이 많다. 자신의 부모가 어떻게 살아왔고 어떻게 결혼하게 되었는지 알고 싶어한다. 내가 세상에 오게 된 출발점이기 때문이다. 처칠은 역사를 좋아하는 차원을 넘어 신봉했다. 그래서 자신의 삶의 기록이 역사에 남을 것임을 확신했다. 처칠은 자신의 자식들을 위해, 그리고 후대 사람들을 위해 자신의 삶을 기록했다. 처칠은 자신뿐만 아니라 아버지 랜돌프 처칠 경과 조상인 1대 말버러 공작 존 처칠 경을 전기로 남겨 그들의 삶을 빛나게 해주었다.

사람들은 흔히 자서전은 정치인, 기업가 등 사회적으로 성공한 사람들이 중년 이상 혹은 퇴임 이후에 자신의 삶을 돌아보며 쓰는 것으로 일반인이 쓰는 일기와는 다른 거창한 작품이라고 생각한다. 그런데 이런 고정관념은 자서전을 특별한 사람들만의 전유물로 인식하게 만든다. 자서전은 누구나 언제든지 쓸 수 있다. 고故 구본형 작가는 10년에 한 번씩 자서전을 쓰겠다고 했다. 10년마다 자신의 삶을 돌아보고 새로운 10년의 삶을 계획하겠다는 다짐이었다. 소크라테스는 "검토되지 않은 삶은 살 가치가 없다"고 했다. 자기가 제대로 살고 있는지 끊임없이 돌아보고 반성해야 한다는 의미다. 처칠은 자서전이 자신의 삶을 돌아보는 가장 좋은 방법임을 알고 있었다. 처칠의 광적인 기록의 습관은 처칠의 위대함으로 완성되었다.

● 폭풍의 한가운데

처칠은 야인 생활을 하던 1932년에 그동안 신문과 잡지에 기고했던 글을 모아 『폭풍의 한가운데』라는 책을 출간했다. 이 책에는 그의 경험과 미래를 예견하는 날카로운 현실 인식이 담겨 있다. 1947년에 재출간된 서문에서 출판사는 이렇게 기술하고 있다.

도시 전체를 날려버릴 수 있는 오렌지만한 크기의 고성능 폭약의 등장에 대한 그의 음울한 예언은 이제 그 누구도 실현을 의심하지 않으며, 인류가 탄생시킨, 혼 없는 기계문명에 스스로 예속되어갈 것이라는 그의 직관 또한 그리 먼 훗날의 소설만은 아닌 것 같다.

처칠은 원자폭탄이 발명되기 이전인 1930년대에 이미 원자폭탄의 출현을 예견했다. 기계문명에 대한 예속은 아직도 현재진행형이다.

유시민 작가는 『글쓰기 특강』에서 글쓰기의 중요성을 이렇게 말했다. "문자로 쓰지 않은 것은 아직 자기의 사상이 아니다. 글로 쓰지 않으면 아직은 논리가 아니다. 글로 표현해야 비로소 자기의 사상과 논리가 된다."

처칠은 자신의 사상과 논리를 글로 표현했다. 누구의 눈치도 보지 않고 글을 썼다. 소위에 불과하던 처칠은 장성급 지휘관들의 잘못을 원고에 그대로 옮겨 신문사에 보냈다. 군의 '내부고발자'로 인식된 처칠을 달가워할 지휘관은 없었다. 처칠은 전쟁에 참가하기 위해 자신의 모든 인맥을 동원했다. 그것도 사람이 죽어나가는 최전방을 고집했다. 생명을 담보로 생생하게 전해지는 전쟁의 상황은 높은 원고료를 받을 수 있었다. 그러나 오직 돈을 벌기 위한 목적만은 아니었다. 처칠은 모험을 즐겼다. 죽음은 언젠가 맞이해야 할 당연한 손님으로 생각했다. 처칠은 제1차 세계대전 때 프랑스 지역 최전방에서 전쟁을 치르고 있었다. 처칠은 혹시 모를 자신의 죽음에 대비해 아내에게 유서를 남겼다.

나의 죽음을 너무 슬퍼 마시오. 나는 올바른 일을 했다고 믿소. 죽음은 하나의 사건에 불과하며 우리의 존재에 일어나는 가장 중요한 일이 아니오. 전반적으로, 특히 사랑하는 당신을 만난 후 나는 행복했소. 당신은 내게 여자의 마음이 얼마나 고귀한지 가르쳐주었소. 만약 다른 세상이 있다면 거기서도 당신을 찾을 것이오. 앞날을 바라보며 자유롭게 삶을 즐기고 아이들을 사랑하고 나에 대한 기억을 간직해주시오. 신이 당신을 축복하시기를. 안녕. W.

시중에는 처칠과 관련된 책이 많이 나와 있다. 처칠이 직접 저술한 책, 처칠의 일생을 기술한 전기, 처칠의 연설과 유머 등을 담은 책 등. 한국에서 출판된 책은 어린이와 청소년용을 제외하고도 20권이 넘는다. 처칠을 제대로 이해하기 위해서는 처칠이 직접 쓴 글을 읽어보는 것이 가장 좋다. 처칠은 책을 통해 자신의 통찰과 신념을 사람들에게 알렸다. 출판 당시에는 영국에서 아무도 처칠의 말에 귀를 기울이지 않았지만, 전쟁을 준비하던 히틀러는 처칠의 책을 읽고 처칠을 가장 두려워했다.

● 노벨문학상

제2차 세계대전이 막바지에 이르던 1945년 여름 영국에서는 총선이 치러졌다. 처칠은 미국의 새 대통령 트루먼Harry S. Truman, 소련의 스탈린과 함께 독일에 대한 전후 처리와 일본에 대한 문제를 논의하고 있었다. 그러나 총선 결과는 예상을 뒤엎고 보수당의 참패로 끝이 났다. 노동당이 제1당이 되었다. 이것은 보수당에서 노동당으로 정권이 바뀌었다는 의미였다. 처칠은 포츠담 회담Potsdam Agreement을 다 끝내지 못하고 애틀리Clement Richard Attlee 신임 수상에게 회담 자리를 넘겨주고 영국으로 돌아와야 했다. 독일과의 전쟁에서 승리한 영국에서는 새로운 정부가 새롭게 시작해야 한다는 노동당의 선거 유세가 국민들의 마음을 사로잡았고, 노동당의 장미빛 복지정책은 전쟁으로 피폐해진 영국 국민들에게 희망의 빛으로 보였다. 선거를 낙관한 처칠의 방심도 총선 패배의 원인으로 지목되었다. 제2차 세계대전을 승리로 이끈 선장이 '영광'이라는 항구에 도착하기 직전에 하선해야 하는 상황이었다. 처칠의 부인 클레멘타인은 낙심한 처칠에게 이렇게 얘기했다.

"여보, 이건 아마 잘 감추어진 축복일 거예요."

클레멘타인의 이런 예언 같은 위로는 거짓말처럼 현실이 되었다. 영국으로 돌아온 처칠은 언젠가는 쓰려고 했던 『제2차 세계대전The Second World War』 집필에 들어갔다. 제2차 세계대전 발발 전과 후에 만들어진 방대한 양의 자료들이 처칠의 저택 차트웰Chartwell로 하나둘 모이기 시작했다. 기밀문서, 각종 지도, 긴급메모, 명령서, 작전계획서, 적군에 대한 기밀정보, 수만 장의 전쟁 관련 자료들은 총 6권에 달하는 『제2차 세계대전』으로 변해갔다.

유럽이나 미국에서는 대통령이나 수상들이 퇴임 후 자서전을 쓰는 것이 관례화되어 있었다. 문제는 이 자서전이 집권 기간 동안 자신의 업적은 과장하고 잘못한 일은 언급하지 않거나 미화하는 경우가 많다는 것이다. 처칠은 최대한 객관적인 시각에서 제2차 세계대전을 쓰기 위해 노력했다. 그 방법이 남아 있는 각종 문서를 이용하는 것이었다. 『제2차 세계대전』이 수많은 보고서, 명령서, 작전계획서를 수록하고 있는 이유도 여기에 있다. 모든 명령과 작전이 회의와 객관적인 사실에 근거하여 이루어졌음을 독자가 제대로 알게 하기 위해서였다. 전쟁같이 극단적인 사건은 남아 있는 문서가 사실 판단의 가장 중요한 근거가 된다.

세계대전을 연구하는 전쟁사 학계에서 처칠이 남긴 수십만 건의 문서와 메모는 제1차 세계대전과 제2차 세계대전의 역사 연구에 중요한 객관적 자료로 평가받는다. 1953년 노벨상위원회는 노벨문학상 수상자로 처칠을 선정했다. 문학상을 주관하는 스웨덴 한림원은 노벨상 선정 이유를 이렇게 밝혔다.

"역사적인 글과 전기적 글에서 보여준 그의 탁월함과 인간의 예의에 대해 행한 많은 훌륭한 연설로 인해 수상자로 선정함."

역사 관련 책으로 노벨문학상을 받은 경우는 『로마사』를 지은 독일의 테오도어 몸젠Theodor Mommsen 이후로 처음이었다. 문학계와 언론에서는 유력한 노벨문학상 수상자로 헤밍웨이Ernest Hemingway를 꼽고 있었다. 일부에서 제2차 세계대전의 승리와 총리에 재선된 처칠에 대해 높은 점수를 준 것 아니냐는 불만의 목소리도 있었다. 이런 주장을 하는 대부분의 사람들은 『제2차 세계대전』과 처칠의 다른 작품들을 제대로 읽어 보지 않았으며, 노벨상을 주는 위원회의 특성을 잘못 이해하고 있었다. 노벨상은 그 사람의 직업, 배경, 외부의 평가를 중요하게 생각하지 않는다. 노벨상은 독창성과 창의성 그리고 문학계에 끼친 영향을 가장 높은 평가 기준으로 삼는다. 최근에 미국의 팝가수 밥 딜런Bob Dylan이 노벨문학상을 수상한 이유도 여기에 해당한다. 밥 딜런의 노래 가사가 문학적으로 높이 평가받았기 때문이다. 처칠을 전문적으로 연구한 제임스 뮬러James Muller 교수는 처칠의 노벨문학상 수상에 대해 이렇게 평론했다.

"노벨상이 그를 영예롭게 만들었다기보다는 처칠이 오히려 그 상의 가치를 높였다고 하는 것이 더 공정할 것이다."

처칠이 만약 1945년 총선에서 승리하고 수상직에 계속 있었다면 어떻게 되었을까? 처칠을 보좌했던 사람들과 처칠 전기작가들은 처칠의 '잘 감추어진 보물'은 세상 밖으로 나오지 못했을 것이라고 말한다.

3. 리더와 기록

● 모든 보고와 지시는 문서로 남겨라

"내가 아는 한 그는 이 세상에서 가장 위대한 인물이지만, 그에 대해 쓰는 것은 여간 어려운 일이 아니다. 그 누구보다도 자기 자신에 대해 잘 기록해 놓은 사람이기 때문이다."

– 바이올렛 본햄 카터Violet Bonham Carter(처칠의 친구), 처칠의 85회 생일을 기념하여 쓴 찬사의 글 중에서

군대, 회사, 정부 등의 조직에서 명령자는 구두로 지시하는 경우가 많다. 간편하고 신속하다는 장점도 있지만 문제가 발생했을 때 하급자에게 잘못을 돌리기 쉽기 때문이기도 하다. 처칠은 스스로 이런 잘못된 관행을 따르지 않았다. 처칠은 자신이 명령한 모든 지시 사항을 반드시 문서로 전했다. 장문의 편지부터 간단한 메모 형식의 명령까지 모두 문서화했다. 그 이유는 사람의 기억은 오류가 많은 뿐더러 문제가 발생했을 때, 명령자가 잘못된 지시를 내렸는지 명령을 받은 자가 지시대로 하지 않았는지 가려낼 수 있기 때문이었다. 처칠은 수상이 된 후 정부 관료들에게 이렇게 말했다.

나에게서 나오는 모든 지시는 문서로 이루어질 것이며, 즉시 문서로 답해야 하고, 내가 이미 결정을 내린 국가 방위에 관한 문제들이라고 해도 문서로 기록된 것이 아니라면 내가 책임을 지지 않겠다는 점을 명확히 밝힙니다.

처칠은 실무자들이 역대 수상들로부터 구두로 지시받은 일을 추진했다가 낭패를 보는 모습을 많이 봤다. 수상들은 문제가 생기면 자신의 말을 잘못 이해해서 발생한 것이라고 실무자들에게 책임을 전가하곤 했다. 처칠이 모든 보고와 지시를 문서화한 것은 이러한 오류를 범하지 않겠다는 자신과의 약속에서 비롯되었다.

처칠은 로마사, 영국사 등을 읽으며 일찍이 기록의 중요성을 깨달았다. 그래서 자신이 겪은 일과 들은 내용, 대화 내용을 비롯해 참가한 모든 전투를 기록으로 남겼다. 처칠은 자신의 출생부터 학창 시절, 군대 시절, 초선의원 시절까지를 담은 자서전을 썼다. 그리고 조상인 말버러 공이 쌓은 공적에 비해 비판적인 평가가 많다고 생각하고 말버러 공이 전투에 참가했던 모든 지역을 답사한다. 영국은 물론 벨기에, 네덜란드, 독일 지역을 가족과 함께 찾아다니며 말버러 공에 대한 새로운 역사책을 쓰기도 했다. 이 책 덕분에 말버러 공은 영국인들에게 역사적으로 재평가를 받게 된다.

역사는 정확한 기록이 남아 있지 않으면 후대에 쓰는 사람의 관점과 정치적 편향성에 따라 같은 인물일지라도 미화되거나 폄하되는 경우가 많다. 기록이 남아 있다 해도 긍정적인 내용은 고의로 빼는 경우도 있다. 객관적인 역사로 인정되는 우리의 『조선왕조실록』 중 연산군과 광

해군은 반정으로 집권한 중종과 인조의 신하에 의해 쓰여진 관계로 빠진 부분이나 왜곡된 부분이 많다. 왕으로 인정받지 못해 제목도 실록이 아닌 "연산군 일기", "광해군 일기"로 낮춰졌다. 흔히 "역사는 승자의 기록"이라고 말한다. 강대국의 식민지 확장 기록은 정복자의 시각에서 쓰여졌다. 침략을 받고 멸망한 지역의 사람들은 미개인들로 취급받는다. 미국의 영토 확장기의 인디언은 언제나 무섭고 잔혹하게 그려진다. 이러한 역사 기록의 편향성은 쓰는 사람, 국가의 정체성과 직결된다. 따라서 사실 있는 그대로 객관적으로 쓰는 것은 불가능할지도 모른다. 조선시대 사관들이 자신의 생사를 쥐고 있는 당시 왕의 부모에 대한 기록을 실록으로 옮기며 목숨을 담보로 썼기에 그 기록은 객관적인 것으로 평가받는 것이다.

처칠 역시 자신과 영국의 입장에서 기록을 했다. 처칠이 직접 쓴 자서전과 당시 또는 후대 사람들이 쓴 처칠 평전을 비교해보았다. 한 가지 놀라운 것은 처칠이 쓴 자서전보다 남이 쓴 평전에서 처칠이 더 높이 평가되고 있다는 사실이다.

처칠이 모든 보고와 지시를 문서로 남기게 한 또 다른 이유가 있다. 처칠은 여러 장관을 역임했다. 자신에게 올라온 보고와 자신이 내린 지시사항을 기록한 문서들은 자연스럽게 해당 부서의 좋은 참고 자료가 되었다. 따라서 이를 바탕으로 업무 매뉴얼을 쉽게 만들 수 있었다. 처칠이 수상 재직 시에 작성된 수천 장의 보고서와 지시 문서는 영국의 중요한 문서임과 동시에 제2차 세계대전사의 기준이 되는 처칠의 『제2차 세계대전』의 증거 자료가 되었다.

● 리더는 기록해야 하고 기록으로 남는다

우리가 역사 속의 위대한 인물에 대해 알 수 있는 것은 기록으로 남겨져 있기 때문이다. 이런 기록은 자신이 직접 쓴 것도 있고 누군가 그에 대해 쓴 것도 있다. 이러한 기록들은 그 인물에 대한 평가 자료로서도 중요하지만 그 시대 상황을 참고할 수 있어서 역사적으로나 문화사적으로 귀중한 자료로 인정을 받는다.

본인이 직접 기록을 남긴 사람들 중에서 대표적인 인물이 율리우스 카이사르다. 카이사르는 자신이 참전한 전쟁을 기록하여 여러 권의 책을 냈는데, 그중 2권의 책이 현재까지도 남아 있다. 『갈리아 전쟁기』와 『내전기』가 그것이다. 『갈리아 전쟁기』는 갈리아Gallia와 브리타니아Britannia 지역의 전쟁 기록이다. 『내전기』는 카이사르가 루비콘Rubicon강을 건너며 그 유명한 "주사위는 던져졌다"라는 말을 남긴 이탈리아 내전을 담은 것이다. 갈리아는 지금의 프랑스, 벨기에, 라인Rhine강 서부의 독일 지역이고, 브리타니아는 현재의 영국으로 브리튼Britain의 어원이 된다. 갈리아와 브리타니아에 살던 부족은 켈트족으로 프랑스와 스코틀랜드 사람들의 조상이며, 게르만족은 독일과 잉글랜드 사람들의 조상이다.

카이사르는 사실의 객관성을 위해 제3자가 말하는 화법으로 기록했다. "나는 ~을 했다"라고 쓰지 않고 "카이사르는 ~을 했다"라고 썼다. 제3자가 자신을 포함한 여러 전쟁 상황을 위에서 내려보면서 쓴 것처럼 서술하여 누가 보아도 객관적이라고 평가하도록 했다. 카이사르는 당시에는 야만족으로 평가받던 갈리아인들과 게르만인들에 대해서도 미개하다는 표현을 쓰지 않았다. 그들의 풍습과 주거 형태, 의식주를 자신이 본 그대로 써서 읽는 사람이 그들에 대해 평가하도록 했다. 『로마인 이야기』로 이탈리아에서 훈장을 받은 역사작가 시오노 나나미는 로마사 중 카이사르가 등장하는 부분에 대해서는 카이사르가 쓴 두 권의 책이 중요한 참고 서적이라고 밝히기도 했다.

이순신은 임진왜란이 발발한 임진년부터 자신이 전사한 노량해전 전까지 7년간 기록한 『난중일기』를 남겼다. 『난중일기』는 일지 형식으로 무미건조하게 쓰여 있다. 그중 이런 일기가 있다.

임진년 오월 초사흘

이날 여도 수군 황옥천이 집으로 도망간 것을 잡아다가 목을 베어 군중에 높이 매달았다.

이순신은 황천옥이 왜 도망쳤고 자신이 왜 처형해야만 했는지 구구절절 기록하지 않았다. 후임 또는 후대 사람들의 자신에 대한 평가를 의식하지 않고 오로지 사실 그대로 기록하고자 했기 때문이다.

처칠 역시 기록의 중요성을 여러 역사책을 통해 잘 알고 있었다. 자신이 보고 느낀 점을 기록한 책들이 후대에 중요한 역사로 남을 수도 있음을 잊지 않았다. 대부분의 역사책은 자국이 승리한 전투는 과장하고 패배한 전투는 축소하거나 기록에서 빼버리거나 왜곡하는 경우가 많다. 처칠은 사실의 객관성을 유지하기 위해 여러 자료를 이용했다. 그는 작전참모가 지도를 펼쳐놓고 지휘관에게 설명하듯이 전투의 위치, 동원된 아군 병력과 전차의 수, 적군의 상황, 전투 결과 등을 『제2차 세계대전』

에 상세하게 기록했다. 전쟁이 끝나고 자신의 기록에 대해 승전국의 사람들과 패전국의 사람들이 모두 수긍할 수 있도록 하기 위해서였다.

제2차 세계대전 당시 연합군 사령관이었던 버나드 몽고메리Bernard Law Montgomery 장군은 『전쟁의 역사』라는 책을 남겼다. 이 책은 유럽을 중심으로 고대부터 이어져온 전쟁의 역사를 서술하고 있다. 1,000페이지가 넘는 이 책 속에는 각종 전투를 기록한 그림, 전법, 무기, 전쟁의 원인과 결과 등을 상세하게 기록하고 있다. 몽고메리는 전쟁을 지휘할 때 냉철하기로 유명했다. 『전쟁의 역사』는 저자의 성품을 그대로 보여준다. 자신이 참전한 제2차 세계대전에서도 제3자의 시각에서 전쟁을 기술하고 있다. 몽고메리는 책의 서문에 이 글을 쓴 이유와 소감을 『펠로폰네소스 전쟁사』를 쓴 투키디데스Thukydides가 남긴 말로 대신했다.

"내가 쓴 글에 대해 누군가가 유용한 글이라고 생각해준다면 나는 그것으로 만족할 것이다."

역사를 기록한 책이 누군가에게 유용한 글이 되기 위해서는 저자가 중립성과 객관성을 유지해야 한다. 그런 몽고메리의 책에 처칠과 관련된 부분이 나온다.

1940년 6월에 영국은 추축국Axis Powers인 독일 및 이탈리아와 맞서 홀로 싸워야 했다. 윈스턴 처칠조차 당시에는 어떻게 사태를 수습할 것인지 알지 못했다. 나와 토론하며 그는 그런 난감한 심경을 밝힌 바 있다. 그러나 그는 최종 결과에 대해서는 의심하지 않았고, 나 또한 그러했다. 나는 처칠에게서 우리가 필요로 하는 리더십을 발견할 수 있었던 것이다. 그는 패배를 맛

본 영국인들을 한데 뭉치게 했으며, 고통이 우리를 덮친다면 능히 국민을 이끌고 고통을 맞을 준비가 돼 있는 인물이었다.

처칠과 몽고메리는 자신의 책에 서로에 대해 기록했고, 자신들 또한 누군가에 의해 기록으로 남겨질 것이라는 것을 당연하게 받아들였다. 리더는 자신이 경험하고 알려주고 싶은 점을 기록으로 남겨야 할 책임과 의무가 있다. 어떤 역사가는 이렇게 말했다.

"우리가 역사를 통해 확실하게 배울 수 있는 것은 사람들은 역사를 통해 아무것도 배우려 하지 않는다는 점이다."

리더가 되려는 사람이 역사가들이 말하는 그런 보통의 사람들과 같다면 올바른 리더로 성장하지 못한다. 모든 국가와 조직은 길든 짧든 자신들만의 역사를 가지고 있다. 리더는 이전의 사람들이 잘한 일, 잘못한 일들을 돌아보며 어떻게 해야 하고, 무엇을 하지 말아야 하는지를 배워야 한다. 리더는 후일 자신이 기록의 대상이 될 수 있음을 인식하며 살아야 한다. 그리고 자신을 이을 사람들을 위해 자신을 기록해야 한다.

● 기록의 나라 미국

제국을 건설한 왕들은 자신의 치적이 기록으로 남겨지길 원했다. 죽어서도 자신의 이름을 후세가 기억해주길 바랐기 때문이다. 바빌로니아 Babylonia의 함무라비Hammurabi 왕은 자신이 확립한 법을 돌에 새겨 남겼다. 이집트의 파라오Pharaoh는 피라미드 무덤 속에 자신의 업적을 상형문자로 기록했다. 세계 여러 지역에서 각각의 문명이 발전하고 국가 형태의 사회가 이루어지면서 기록하는 문화가 정착되었다. 통치자는 자신의 업적을 기록으로 남기길 원했고, 지식인들은 후대 사람들이 살아가는 데 이것을 참고하길 원했다. 우리는 그것을 '역사'라고 부른다.

유럽은 그리스와 로마제국을 거치며 통치자와 장군들을 기록했다. 타민족과의 전쟁사가 주된 소재였다. 헤로도토스Herodotos의 『역사』, 『플루타르크 영웅전』 등이 그 예다. 유대인들은 세상의 시작과 인류의 탄생 그리고 자신들의 번영과 고난의 여정을 양가죽에 남겼다. 중국 사람들은 기록을 일찍부터 중요하게 여겼다. 거북 등껍질에 상형문자를 남겼고 잘 썩지 않는 대나무에 한자로 기록했다. 종이의 발명으로 기록은 일상적인 일이 되었다. 우리의 조상들도 역사의 기록을 문신文臣의 사명使命 중에서 가장 중요한 일 중 하나로 여겼다.

기록되어진 것들은 모두 사실일까? 그럴 수도 있고 아닐 수도 있다. 전쟁에서 승리한 나라는 정복이라고 썼고, 패배하여 나라를 잃었거나 지배를 받은 나라는 침략이라고 썼다. 전쟁에서 승리한 사람들은 패배자들의 기록을 찾아서 없애거나 내용을 수정했다. 자신들의 전쟁이 정당해야 했기 때문이다.

현대의 모든 조직 사회는 기록을 남긴다. 학교, 관공서, 회사, 정부, 군대 모두가 기록되어야 할 조직이다. 사람이 하는 대부분의 일은 예전부터 하고 있던 비슷한 일의 반복이다. 이 비슷하고 반복적인 일들 속에서 예정에 없던 돌발적인 일이 발생할 때가 있다. 그럴 때 가장 효과적인 대처 방법은 예전에 비슷한 상황의 기록이 있는지 찾아보면 된다. 지금

예정에 없던 일이 과거에도 있었을 때가 많았기 때문이다.

그런데 과거의 기록을 보고 싶은데 볼 수 없다면 어떻게 해야 될까? 스스로 해결하거나 다른 나라에서 기록한 우리의 사례를 찾아보아야 한다. 우리나라 공공기관의 기록물이나 대통령 기록물 등은 보통 사람들이 보아서는 안 되는 기밀사항으로 분류되어 있다. 아예 기록이 없는 경우도 많다. 어쩌면 우리는 그것을 당연한 것으로 여기며 살아가고 있는지도 모른다. 다른 나라는 어떨까? 미국은 대부분의 정보가 기록되고 공개되고 있다. 미국의 역사는 240년 정도밖에 되지 않는다. 하지만 미국인들은 기록 분야에서는 타의 추종을 불허한다. 우리는 한국전쟁(일명 6·25전쟁)은 북한의 남침으로 시작되었다고 알고 있다. 남침의 근거는 무엇일까? 해답은 미국의 국립기록관리처에서 보관하고 있다. 한국전의 주력 부대였던 미 8군은 한국전쟁 전 기간에 걸쳐 '전쟁일지War Diary'를 작성했다. 한국전쟁은 1950년 6월 25일 01:00시에 시작되었다.

- 오전 1시경: 북한군 6사단 14연대가 해주를 출발, 취야리 남쪽 38도선으로 이동

- 오전 4시경: 북한군 7사단(7월 3일 12사단으로 개편됨) 소속 전 예하 부대가 내평리 근처의 38도선을 넘어 총공격 개시. 인천-춘천 가도를 따라 서쪽으로 선회

- 오전 5시경: 북한군 2사단의 4, 6연대가 38도선을 넘어 남진, 춘천에서 한국군 6사단과 교전

- 오전 7시경: 한국군 1사단, 임진강 도강 후 교량을 파괴해 북한군 6사단

의 남진을 저지시킴

— 이흥환의 『대통령의 욕조』 중에서

이 미 8군의 일지 한 장이 북한이 주장하는 '남한의 북침설'에 대한 가장 확실하고 논리적인 반박의 증거 자료다. 미국 국립기록관리처 현관에는 이런 말이 써 있다. "민주주의는 여기서 시작한다." 기록과 민주주의는 어떤 관련이 있길래 이런 말을 했을까? 미국의 국립기록관리처에는 90억 장에 가까운 문서가 있다. 미국의 3대 보물로 불리는 독립선언서, 헌법, 권리장전의 원문을 보관하고 있다. 이런 중요한 문서뿐만 아니라 우리가 생각하기에 아주 사소한 것도 있다. 독립전쟁에 참전한 엉클 샘Uncle Sam의 봉급내역서, 샌프란시스코 항으로 입국한 중국 쓰촨성 출신 청년 왕씨의 입항증명서와 노동허가증 등 이러한 기록들이 모여 미국의 역사가 되었다. 미국이 어떤 과정을 거쳐 식민지에서 독립국가로 성장했는지, 어떤 과정을 거쳐 백인과 흑인 그리고 남녀가 평등한 국가로 발전했는지를 기록으로 보여준다. 기록을 통해 미국의 역대 대통령들이 누구와 식사를 하며 어떤 토의를 거쳐 어떻게 국가의 중대사를 결정했는지를 상세하게 알려준다.

미국이 보관하던 문서는 제2차 세계대전의 승리에도 공헌했다. 연합군은 노르망디 상륙작전을 펼치기 전 노르망디 지역에 대한 정확한 정보와 날씨 자료가 필요했다. 미국 문서보관소에는 태평양은 물론 유럽 전 지역의 정밀 지도와 기후 자료가 보관되어 있었다. 연합군은 미국이 제공한 자료들을 토대로 상륙할 지역과 날씨를 결정했다. 인공위성이 없던 시절 적진에 대한 정확한 정보를 보관하고 있던 미국의 문서보관소는 전쟁 수행의 중요한 정보창고였다.

정보의 기록과 보관 및 관리는 정보에 대한 리더의 인식이 중요하다. 개인의 정보, 조직의 정보가 하나씩 쌓이다 보면 훗날 반드시 유용한 참고 자료가 될 수 있음을 나 자신도 경험으로 터득했다. 사람의 기억력은 한계가 있다. 따라서 기록하고 보관해야 필요할 때 꺼내 쓸 수 있는 자료가 된다. 기록의 유무는 리더의 과거와 미래를 보여주는 거울이다.

PART 4
리더의 성장

"전시에는 결단을, 패배 시에는 저항을, 승리했을 때는 너그러움을, 평화 시에는 선의를." 제1차 세계대전이 끝나고 연합군 묘지에 새길 기념사를 부탁받은 처칠이 한 말이다. 이 말은 처칠이 겪은 모든 정치 상황과 전쟁 상황에서 그가 보여준 신념과 행동을 압축적으로 표현한 것이다. 처칠은 자신의 판단과 신념이 맞다고, 맞을 것이라고 굳게 믿고 그대로 밀고 나갔다. 처칠의 그런 판단과 신념은 합리성과 다수의 이익, 그리고 약자에 대한 배려를 근간으로 한 것이었다. 포용의 리더십은 합리성을 기반으로 했을 때 더 빛을 발하게 된다.

1. 리더와 유머

● 여러분이 공화당 당원이길 바랍니다

백악관을 출입하는 주요 언론사의 기자들은 1년에 한 번씩 만찬 행사를 연다. 이 만찬에는 여야 정치인, 연예인 그리고 대통령도 참석한다. 이 연례만찬은 1920년부터 시작되었고 매년 4월 마지막 토요일에 열린다. 이 만찬의 하이라이트는 대통령의 축하 연설인데, 대통령의 유머 솜씨를 들을 수 있는 자리다.

오바마 대통령도 역대 대통령 중에서 손에 꼽히는 유머 실력을 자랑했다. 민주당 대선 후보로 재선에 성공한 오바마는 함께 초대된 공화당 지지자였던 셸던 아델슨Sheldon Gary Adelson을 비꼬아 큰 박수를 받았다. 재벌이었던 아델슨은 공화당 후보에게 1억 달러(한화 약 1,100억 원)를 기부했다. 그런 아델슨에게 "그 돈이 있으면 섬을 하나 사서 '노바마 Nobama(오바마는 안 돼)'라고 이름을 붙이시지요"라는 위트로 웃음을 안겨주었다.

역대 대통령 중에서 가장 유머가 있었던 대통령은 단연 도널드 레이건Ronald Reagan을 꼽는다. 1981년 레이건 대통령이 괴한에게 총을 맞자 응급차가 달려왔고 간호사가 지혈을 위해 레이건의 몸을 만지기 시작했다. 레이건은 "우리 낸시에게 허락은 받았나요?"라고 물었고 간호사도 재치있게 "네, 여사님으로부터 허락을 받았습니다"라고 대답했다. 수술실에 도착해서는 외과의사에게 "여러분이 공화당 당원이길 바랍니다"라고 미소를 짓자, 외과의사도 "네, 각하 오늘만은 저희 모두 공화당 당원입니다"라고 웃으며 대답했다. 1984년 미국 대통령 선거에서 레이건은 재선에 도전했다. 대선토론 중 민주당 후보였던 먼데일Walter Frederick Mondale은 레이건이 고령인 점을 지적했다. "대통령께서 재선에 성공하신다면 73세인데 이 점을 어떻게 생각하십니까?" 그러자 레이건은 "나는 이번 선거에서 나이를 문제 삼을 생각이 없습니다"라고 대답했다. 먼데일이 무슨 뜻이냐고 묻자, 레이건은 "먼데일 후보께서는 너무 젊어서 나보다 경험이 적을 것인데 저는 이 점을 정치적 목적으로 이용하지는 않겠다는 뜻입니다"라고 말했다. 대선토론을 지켜보던 미국의 유권자들은 모두 웃었고, 레이건은 재선에 무난히 승리했다.

미국에서는 대통령과 관련된 책이 많다. 대통령 선거에 출마하기 전이나 임기를 마치고 퇴임한 후에 쓴 자서전이 베스트셀러가 되는 경우도 많다. 오바마는 상원의원 후보 시절에 자서전을 썼고, 자선전의 내용을 중심으로 민주당 대통령 후보였던 존 케리John Forbes Kerry의 지원 연설을 했다. 이 연설로 오바마는 일약 유명인사가 되었다. 오바마는 상원의원을 거쳐 민주당의 대통령 후보까지 되었고, 마침내 대통령에 당선되었다. 대통령의 전기만을 주로 쓰는 전문 작가도 있다. 미국에는 역대 대통령을 비교·평가하는 책이 많다. 그중 대통령들의 유머 실력을 평가해서 순위를 매긴 책은 언제나 인기가 많다.

● 젊은이, 젠틀맨이라는 팻말을 보고 망설이지는 말게나

처칠이 친구와 배를 타고 여행을 하던 중에 신문을 보던 친구에게 물었다. "영국에 뭐 특별한 뉴스가 있나?" 그 친구는 대답했다. "자네가 없는데 무슨 새로운 소식이 영국에 있겠나."

처칠은 여러 관직을 거쳤기 때문에 그만큼 언론의 주목을 많이 받았다. 처칠에 대한 언론의 시각은 좋기보다는 부정적일 때가 더 많았다. 서양의 언론은 정치인이나 공무원들에 대해 비꼬는 기사를 쓰거나 우스꽝스러운 만화로 풍자할 때가 많다. 처칠 역시 예외가 아니었다. 처칠은 이러한 문화를 자연스러운 것으로 생각했다.

정치인들이란 만화로 희화화되는 데 아주 익숙해 있는 족속이라 크게 걱정하지 않아도 된다. 솔직히 고백하자면, 만화에서 더 이상 다루어주지 않을 때 오히려 상처받고 풀이 죽는다고 보아야 한다.

처칠과 관련된 유머는 아주 많다.

처칠이 국회의사당의 복도를 지나가고 있을 때 술취한 군인이 처칠에게 말을 걸었다.

"어이, 거기 뚱보양반, 화장실이 어디요?"

그러자 처칠이 대답했다.

"계단을 내려가 왼쪽을 지나 오른쪽 두 번째 문이네. 그런데 젊은이, 젠틀맨(신사)이라고 쓰인 팻말을 보고 망설이지는 말게나."

사람들이 처칠에게 물었다.

"수상께서 만약 클레멘타인 여사의 남편이 아니라면 누구와 결혼하고 싶으십니까?"

그러자 처칠은 얼른 대답했다.

"클레멘타인의 두 번째 남편입니다."

처칠이 선거 유세를 하고 있을 때였다. 처칠을 반대하는 어느 유권자가 처칠에게 소리쳤다.

"당신에게 투표하느니 차라리 악마에게 투표하겠소."

그러자 처칠은 웃으며 말했다.

"아, 그러십니까? 이번엔 그 악마가 출마하지 않았으니 저에게 투표해주시죠."

하루는 처칠이 의회에 30분 늦게 도착했다. 처칠은 동료 의원들에게 이렇게 말했다.

"여러분 죄송합니다. 그런데 나처럼 아름다운 부인하고 살다 보면 아침에 침상에서 빨리 일어나기가 그리 쉽지 않다는 것을 경험하실 겁니다."

처칠을 싫어하는 사람들이 처칠이 뚱뚱하고 대머리라며 그의 외모를 지적하자, 처칠은 환하게 웃으며 말했다.

"방금 태어난 이 세상의 모든 아기는 저처럼 생겼습니다."

처칠은 자신에 대한 사람들의 비난도 자신에 대한 관심의 표현으로 받아들였다. 또한 자신과 대립하고 있는 정치인에게 직설적으로 반대의사를 표하지 않았다. 어느 날 국회의사당에서 야당 의원이 정부 정책을 비판하는 연설을 길게 늘어놓고 있었다. 처칠은 갑자기 양복 안주머니와 바지 주머니를 뒤지기 시작했다. 처칠의 행동이 계속되자 의원들의 시선이 모두 처칠에게 쏠렸다. 연설을 하던 의원이 물었다.

"처칠씨, 무슨 문제라도 있습니까?"

"아니요, 방금 전까지 주머니에 사탕이 있었는데 아무리 찾아도 없군요."

한순간 의사당은 웃음바다가 되었고, 연설을 하던 야당 의원은 자리로 돌아가버렸다.

우리나라에서는 정치인이나 고위 공무원들은 근엄하게 행동해야 한다고 생각하고 또 그렇게 비춰지기를 원한다. 코미디 프로에서 풍자의 대상이 되었다며 명예훼손으로 고소하는 모습을 볼 때면 씁쓸할 뿐이다. 물론, 악의적으로 그 사람을 비방하거나 아닌 것을 사실인 것처럼 말하는 것은 잘못된 것이다.

우리가 '풍자'라는 단어에 익숙하지 못해서 그런지도 모른다. 일제 강점기를 거치고 군사 독재 정권 하에서 지도자급의 인사를 풍자하는 것은 심각한 범죄로 인식되어왔다. 아니, '심각한 범죄라며 엄하게 처벌해왔다'고 하는 것이 더 정확한지도 모르겠다.

문민 정부로 정권은 바뀌었지만 아직도 고위층 사람들의 사고방식은 별로 변하지 않은 것 같다. 우리 사회는 자유민주주의를 핵심 가치로 여기고 있다. 민주주의 제도는 서양에서 건너온 정치제도다. 그런데 정치 제도만 받아들였을 뿐 정치 문화는 아직도 우리만의 방식을 고집하고 있는 것은 아닌지 생각해보아야 한다.

리더가 하는 말도 중요하다. '말을 잘하는 사람'은 어떤 사람일까? 어려운 단어를 써가면서 화려하게 말하는 사람이 아니다. 상대방을 상스러운 단어로 비난하는 사람은 더욱 아니다. 자신의 잘못을 지적한 사람에게 저급한 표현으로 맞받아치는 사람은 더더욱 아니다. 누군가를 자유롭게 풍자할 수 있고 그것을 유머로 자연스럽게 응수하는 그런 사회야말로 성숙된 사회다.

영국 최초의 여성 하원의원이었던 낸시 애스터Nancy Astor는 처칠을 매우 싫어했다. 어느날 애스터가 "당신이 내 남편이라면 커피에 독을 넣어주겠어요"라고 하자, 처칠은 심각한 표정으로, "부인, 당신이 내 아내라면 차라리 그걸 마시겠소"라며 받아주었다.

2. 포용의 리더십

● 현재가 과거와 다툼을 하면 미래는 없습니다

제1차 세계대전이 끝나자 영국, 프랑스 등의 연합국은 독일의 동맹국이 자 패전국이었던 오스트리아-헝가리 제국을 여러 개의 나라로 나눠 독 립시켰다. 오스트리아는 다민족 국가였다. 그중 독일계 주민이 다수를 차지했다. 독일에서 히틀러가 집권에 성공하자, 오스트리아에도 히틀러 를 추종하는 나치당이 생겼다. 오스트리아 나치당은 쿠데타를 일으켰지 만 정부군에 진압되었다.

오스트리아가 정치적으로 어수선해지자, 히틀러는 독일계 주민을 보 호한다는 명분으로 독일군을 오스트리아에 진군시켰다. 독일계 주민들 은 거리로 나와 독일군을 환영했다. 독일군에 장악된 오스트리아 정부 는 독일과의 합병을 묻는 국민투표를 실시했다. 오스트리아는 국민투표 를 통해 합법적으로 독일의 영토가 되었다.

영국과 프랑스, 러시아 등은 오스트리아 사태를 독일계 주민들의 내 부 문제로 여기며 애써 외면했다. 이탈리아를 제외한 대다수의 유럽 국 가들은 독일과의 대화만을 원하는 유화파가 집권하고 있었다. 그들은 군사적으로 강력해진 독일과의 분쟁을 꺼렸다. 영국 역시 대표적인 유화파 정치인인 네빌 체임벌린이 수상을 맡고 있었다.

히틀러의 다음 목표는 체코의 주데텐란트Sudetenland[1]였다. 히틀러는 오스트리아처럼 다수의 독일인이 살고 있다는 이유로 체코의 주데텐란트를 독일에 귀속시킬 수 있도록 국제 사회에 요구했다. 체코는 프랑스와 동맹을 맺고 있었다. 독일이 무력으로 주데텐란트 점령을 시도한다면 그것은 체코의 동맹국인 프랑스와 전쟁을 하겠다는 의미나 다름없었다. 프랑스가 전쟁에 돌입할 경우 프랑스의 동맹국인 영국 역시 전쟁에 참여해야 했다. 이탈리아만이 독일의 팽창 야욕을 견제하고 있었다.

독일과의 무력 충돌을 막아야 한다고 생각한 네빌 체임벌린은 이해 당사국들에게 평화회담을 제안했다. 체임벌린은 뮌헨으로 떠나기 전 라디오 방송을 통해 체코 문제에 대해 이렇게 말했다.

멀리 떨어져 있는 나라에서 우리가 잘 알지도 못하는 사람들 사이에서 벌어지는 싸움 때문에 우리가 참호를 파야만 하고 방독면을 써야만 한다는 것은 정말로 끔찍하고 공상에나 나올 법한 믿기 어려운 것이다.

체임벌린의 논평은 영국을 포함한 대부분의 유럽 지도자들의 생각이자 희망사항이었다. 독일의 히틀러, 영국의 체임벌린, 프랑스의 달라디에, 이탈리아의 무솔리니는 독일의 뮌헨에 모여 평화조약에 서명했다.

---

1 주데텐란트: 20세기 초 체코슬로바키아 서부의 보헤미아, 모라비아, 슐레지엔 지역으로 독일 민족이 다수 거주하고 있었다.

조약의 주된 내용은 "독일은 체코의 주데텐란트를 마지막으로 더 이상의 영토 확장 시도를 하지 않는다"는 내용이었다. 체임벌린 수상은 영국으로 돌아와 공항에서 기자회견을 했다. 히틀러가 서명한 합의서를 흔들어 보이며 "여기 우리 시대의 평화가 있습니다"라고 외쳤다. 처칠은 체임벌린의 공항 성명을 보고 이렇게 예언했다.

영국은 전쟁과 치욕 둘 중에서 하나를 선택할 기회를 맞았습니다. 그런데 영국은 치욕을 선택했고, 장차 덤으로 전쟁을 맞게 될 것입니다.

처칠은 히틀러의 평화협정을 믿지 않았다. 줄곧 프랑스와 영국이 동맹국인 체코를 도와주어야 한다고 주장했다. 처칠은 마키아벨리Niccolò Machiavelli의 『군주론』을 좋아했다. 『군주론』에는 이런 구절이 있다.

로마인들은 재난을 미리부터 예견했기 때문에 항상 대처할 수 있었다. 그들은 전쟁을 피하기 위해서 화근이 자라는 것을 결코 용납하지 않았다. 왜냐하면 그들은 전쟁이란 피할 수 있는 것이 아니라 단지 적에게 유리하도록 지연되는 것에 불과하다는 점을 익히 알고 있었기 때문이다. … 그들은 "시간을 끌면서 이익을 취하라"는 격언을 결코 받아들이지 않았다.

처칠은 자신의 저서에 체임벌린의 뮌헨 회담을 비판하면서 군주론의 대목을 이렇게 고쳐 썼다.

"전쟁을 1년 연기해서 얻는 것은 없다. 1년 후에는 더 힘들어져 전쟁에서 이기기 어려울 것이다."

그러나 여론은 처칠의 편이 아니었다. 체임벌린은 전쟁을 막은 영웅이 되었고, 처칠은 '비이성적이고 전쟁을 좋아하는 전쟁광'으로 인식되었다. 처칠의 예상이 현실이 되는 데는 오랜 시간이 걸리지 않았다. 6개월 뒤인 1939년 3월, 독일은 체코 전 지역을 무력으로 합병했다. 같은해 9월 독일의 폴란드 침공으로 체임벌린이 흔들던 평화합의서는 휴지조각이 되었다.

독일의 유럽 침략이 영국 앞바다에까지 이르자, 체임벌린은 수상직에서 내려와야 했다. 1940년 처칠은 수상에 취임했다. 여론은 거짓 평화에 속은 체임벌린과 그에게 장단을 맞춘 언론에 분개했다. 영국은 유화파에게 책임을 물어야 한다는 여론으로 들끓었다. 그러나 처칠은 누구에게도 책임을 묻지 않았다. 처칠은 이렇게 말했다.

"현재가 과거와 다툼을 하면 미래는 없습니다."

처칠이 의회에서 수상 취임 연설을 하기 위해 단상으로 가는 동안 같은 당인 보수당보다는 야당인 노동당에서 더 환호했다. 전쟁에서 이기기 위해서는 전체 의원들의 지지가 필요했다. 체임벌린이 히틀러에게 속아 잘못된 판단을 했었지만, 여전히 보수당 내에서는 그가 자신보다는 영향력이 강하다는 것을 인정했다. 처칠은 수상에서 사임한 체임벌린을 전시 내각에 참여시키고 보수당을 계속 이끌도록 했다. 처칠은 전쟁의 책임을 따져 묻는 것이 아니라 어떻게 해야 전쟁에서 이길 수 있는가에 집중했다. 체임벌린이 처칠 자신에게 했던 비난에 대한 앙갚음은 '영국의 승리'라는 대의 앞에서는 무의미한 것이었다.

● 저를 반대하는 사람들이 모두 바보일 리는 없습니다

"전시에는 결단을, 패배 시에는 저항을, 승리했을 때는 너그러움을, 평화 시에는 선의를."

제1차 세계대전이 끝나고 연합군 묘지에 새길 기념사를 부탁받은 처칠이 한 말이다. 이 말은 처칠이 겪은 모든 정치 상황과 전쟁 상황에서 그가 보여준 신념과 행동을 압축적으로 표현한 것이다.

독일이 연합군에게 무조건 항복한 후 3국의 정상이 모였다. 스탈린은 독일군 10만 명을 즉결 재판으로 처형하자고 제의했다. 1,000만 명 이상의 소련군과 민간인이 죽거나 다쳤다는 이유에서였다. 루스벨트는 5만 명을 제안했다. 처칠은 분개했고 회담장을 나와 방으로 돌아가버렸다. 처칠은 제2차 세계대전의 중요한 원인 중 하나가 제1차 세계대전 이후에 보여준 연합국의 독일에 대한 과도한 보복행위였음을 상기시켰다. 국민과 군인들이 사악한 지도자의 지시를 따랐다는 이유만으로 모두를 같은 사람으로 볼 수는 없다는 이유에서였다. 보복은 또 다른 보복을 불러온다는 사실을 처칠은 잊지 않았다.

처칠은 제2차 세계대전의 승리를 만끽하기도 전에 수상직에서 물러나야 했다. 전쟁에 지친 국민들을 솔깃하게 한 노동당의 장밋빛 공약때문이었다. 하지만 그 공약들이 공약으로만 그쳤을 뿐 실현되지 못하자, 보수당이 다시 정권을 잡았고 1951년 처칠은 또 한 번 수상에 올랐다. 보수당 내 처칠의 측근들은 처칠에게 노동당의 실정을 홍보해야 한다고 부추겼다. 처칠은 노동당의 정책이 실현되지 못했다고 해서 모든 정책이 잘못되었다고 생각하지는 않았다. 그리고 자신을 반대하는 사람들도 있음을 겸허히 받아들였다. 처칠은 수상에 다시 오르며 이렇게 말했다.

"저를 반대하는 45%의 사람들이 모두 바보일 리는 없습니다."

처칠은 노동당의 정책이었던 '국민건강복지법'을 그대로 계승했다. 반대파가 추진한 법안일지라도 국민 대다수를 위해서는 꼭 필요한 법안이라고 생각했기 때문이었다. 그는 영국의 미래를 위해 어떤 정책을 새로 수립하고 어떤 정책을 계승할 것인지 고민했다.

우리는 일부 공무원들이 변화를 거부하고 수구적인 업무 태도를 취할 때 그런 모습을 비하하는 표현으로 '복지부동伏地不動'이라는 말을 쓰곤 한다. '땅에 배를 대고 바짝 엎드려 움직이지 않는다'는 뜻이다. 내가 만약 공무원이 된다면 절대로 그런 복지부동하는 공무원이 되지 않을 것이라고 장담할 수 있을까? 나는 이것이 공무원들의 경험에서 나온 자연스러운 현상이라고 생각한다. 정기 인사 때나 부서장이나 책임자가 교체되었을 때, 그동안 추진하던 사업이 갑자기 중단되거나 다른 방향으로 바뀌는 것을 많이 보아왔기 때문이다. 특히 선거에서 승리한 지방자치단체장은 소속 정당에 따라 업무의 방향이 180도 바뀌는 경우가 허다하다. 그러다 보니 '어짜피 부서장이 바뀌면 이 일도 중단될 건데 뭐하러 열심히 해야 하나?' 하는 뿌리 깊은 불신은 복지부동의 형태로 나타난다. 물론 전임자의 잘못된 예측과 판단으로 더 진행할 경우 시간적·금전적으로 손해가 심해진다면 당연히 중단시켜야 한다. 그리고 전임자의 치적을 쌓기 위한 선심성 정책이었거나 특정인에게 혜택을 주기 위한 정책이었다면 더더욱 중단해야 한다.

그러나 이러한 경우가 아닌 조직 구성원이나 주민의 미래를 위한 정책이라면, 후임자는 전임자가 다른 성향의 인물이었거나 자신이 평소 싫어하는 사람이라고 할지라도 그 정책을 계속 추진해야 한다. 그렇게 정책과 실무를 처리한다면 그 리더는 합리성을 인정받게 되고 믿고 따르는 사람들이 자연히 생기게 된다. 사람들은 그 리더가 왜 그 정책을 중단하려고 하는지, 왜 계속 추진하려고 하는지를 잘 알고 있기 때문이다.

처칠은 자신의 판단과 신념이 맞다고, 맞을 것이라고 굳게 믿고 그대로 밀고 나갔다. 처칠의 그런 판단과 신념은 합리성과 다수의 이익, 그리고 약자에 대한 배려를 근간으로 한 것이었다. 초급 장교 시절에는 장군들의 무능을 직설적으로 비난하는 글을 썼고, 해군장관 때에는 수병과 부사관들의 말을 더 많이 듣고 그들의 복지를 위한 정책을 추진했으며, 내무장관으로 재직할 때에는 교도소 죄수들의 인권을 살폈다. 제2차 세계대전이 끝났을 때에는 독일 국민들을 연합국의 이웃으로 받아들이는 데 앞장섰으며, 함께 피를 흘리며 싸운 연합국 소련의 공산주의 확장을 예측하고 루스벨트의 반대에도 불구하고 소련에 대해 단호한 정책을 취할 것을 주장했다. 포용의 리더십은 합리성을 기반으로 했을 때 더 빛을 발하게 된다.

3. 통찰력의 리더십

● 독일과의 전쟁을 준비해야 합니다

처칠은 제2차 세계대전을 한마디로 이렇게 정의했다.

"막을 수 있었던 전쟁."

1871년 프랑스 파리 베르사유 궁전Château de Versailles의 '거울의 방'에서 '베르사유 조약'이 체결된다. 프랑스와의 전쟁에서 승리한 프로이센의 빌헬름 1세Wilhelm I가 '독일 황제'에 즉위하고 '독일제국 수립'을 선언한다. '철의 재상'으로 불리던 프로이센의 비스마르크Otto Eduard Leopold von Bismarck도 이 대관식에 참석했다.

그로부터 약 50년이 흐른 1919년 6월 28일 베르사유 궁전 '거울의 방'에서 또 한 번의 '베르사유 조약'이 체결된다. 제1차 세계대전에서 승리한 미국, 영국, 프랑스 등의 연합국과 패전국 독일이 모여 전후 처리에 대한 조약을 맺기 위해서였다. 약 1,000만 명의 군인과 일반인이 희생된 제1차 세계대전을 경험한 연합국은 독일을 군사적·경제적으로 철저히 제압하여 다시는 전쟁을 일으키지 못하게 만들어야 한다고 생각했다. 440개 조항으로 구성된 이 조약은 연합국이 마음대로 작성한 일방적인 협정이었다.

독일의 모든 해외 식민지는 연합국의 상임이사국이 나눠 가졌고, 독일의 알자스-로렌Alsace-Lorraine[2] 지방은 프랑스에 반환되었다. 독일 육·해군의 병력을 10만 명 이내로 감축시키고 해군의 군함 보유량은 10만 톤 이하로 규정했다. 중거리포, 전차, 잠수함의 보유를 금지시키고 공군도 없애버렸다. 이 베르사유 조약으로 인해 독일은 국토의 13%와 인구 10%를 잃게 되었다. 단치히Danzig[3] 같은 지역은 독일에서 분리되어 독립된 자유시가 되었다. 독일 본토와 떨어져 폴란드에 둘러싸인 단치히는 훗날 독일이 옛 독일 영토를 되찾겠다며 폴란드를 침공하는 명분이 된다.

경제적인 제재도 포함되었다. 독일은 연합국에게 경제적으로 최혜국 대우를 해야 했고, 연합국 상품에 불리한 '불공정 규제'를 철폐해야 했다. 일부 주요 산업시설과 탄광도 연합국에 양도해야 했다. 전쟁배상금으로 1,320억 마르크를 연합국에 배상해야 했고, 독일의 모든 특허권은 상실되었다. 바이어Bayer 사의 아스피린도 이때 특허권이 상실된다.

독일제국의 패망으로 설립된 신생 바이마르 공화국Weimar Republic은 이렇게 불평등한 베르사유 조약으로 인해 시작부터 국방력과 경제력을 상실한 무기력한 국가가 되었다. 4년간의 전쟁으로 폐허가 된 독일과 독일 국민들은 이후 이루어진 미국의 원조에도 불구하고 아무리 열심

---

2 알자스-로렌: 라인강 서쪽과 보주 산맥 사이에 위치한 지역으로, 석탄, 철광, 칼륨 등 자원이 풍부한 경제·군사 요충지여서 예로부터 독일과 프랑스 양국 간의 분쟁지가 되어왔다. 제2차 세계대전 후 프랑스령이 되었다.

3 단치히: 그단스크(Gdańsk)의 독일어 이름. 폴란드 발트해 연안에 있는 항구도시로, 12세기 이래 독일 상인이 거주해왔으며 1793년 프로이센의 영토가 되었다. 제2차 세계대전 종전 후 폴란드령이 되었다.

히 일을 해도 전쟁배상금을 갚을 수가 없었다. 처칠은 '베르사유 조약'을 '승자의 어리석음'이라고 규정했다.

베르사유 조약의 경제 조항은 독소적 요소가 많고 어리석기 짝이 없는 내용이어서 한마디로 무용지물이었다. 독일에 대해서 황당무계할 정도로 많은 전쟁배상금을 부과했다. 그러한 명령은 승전국의 분노와 아울러 패배한 국가나 사회는 현대전을 치르는 비용을 지불할 수 없다는 사실에 대한 승전국 국민들의 이해 부족을 나타낸 것이었다.

— 윈스턴 처칠의 『제2차 세계대전』 중에서

전쟁으로 붕괴된 경제체제와 막대한 전쟁배상금은 독일 경제를 더욱 나락으로 빠뜨렸다. 아무런 경제정책이 없던 바이마르 공화국은 화폐만 열심히 찍어냈고 나날이 가중되는 물자 부족과 식량 부족으로 인해 모든 생필품의 가격은 천정부지로 뛰어올랐다. 제1차 세계대전 이후 독일의 상황을 지켜본 처칠은 이렇게 예견했다.

유럽에서 새로운 전쟁의 위험이 사라졌다고 생각하면 큰 오산이다. 프랑스에 대한 증오심은 찢어진 독일을 한 민족으로 또다시 뭉치게 할 것이며, 군대에 갈 나이가 되어가는 독일 젊은이들의 격렬한 감정은 해방전쟁이나 복수의 전쟁을 마음속에 사무치게 그리게 될 것이다.

— 윈스턴 처칠의 1925년 신문 기고문 중에서

1930년대는 처칠의 야인 시절이었다. 정부나 의회 어디에서도 처칠을 찾는 곳은 없었다. 그러나 처칠은 국회와 정부에서 쌓은 인맥을 이용해 독일과 전 세계의 상황을 세세하게 파악하고 있었다. 이렇게 개인적으로 파악한 정보를 바탕으로 처칠은 신문과 잡지를 통해 독일의 재무장 가능성을 지속적으로 제기했다. 1933년 히틀러가 독일의 최고 지도자가 되자 나치의 유럽 침공을 확신하고 독일과의 전쟁 가능성을 영국 정부에 수차례 경고했다. 그러나 영국 정부와 보수적인 언론들은 처칠을 '전쟁광'으로 폄하하며 그의 경고를 묵살했다.

처칠은 미래를 예측하는 방법으로 역사가의 입장과 과학자의 입장을 예로 들어 설명했다.

역사가는 현재 우리가 처해 있는 상황과 비슷한 과거의 특정 시기를 집중적으로 연구해서, 그 당시의 귀결을 앞으로 닥칠 미래에 대입시킨다. 과학자는 시간적으로 직전의 과거 시점에 벌어졌던 일반적인 사태의 발전 과정을 분석함으로써, 거기에서 추출한 일반적인 추세를 다가올 미래에 적용시킨다.

– 윈스턴 처칠의 『폭풍의 한가운데』 중에서

처칠에게는 린더만Frederick Lindemann이라는 케임브리지 대학의 교수이자 과학자가 과학, 기술 분야에서 많은 조언을 해주었다. 제2차 세계대전이 발발하기 전 린더만 박사에게 레이더에 관한 연구를 지시하기도 한다. 처칠은 이전 전쟁에서 눈에 띄는 활약을 못했던 비행기에 대해서도 주목했다. 처칠은 100여 차례나 비행기를 직접 몰아보기도 했다. 독일이 소련에서 유럽 국가들 몰래 전투기를 제작하고 있다는 정보를 듣고 영국 정부에도 공군력의 증강을 역설했다. 실제로 제2차 세계대전이 발발하고 독일 전투기가 영국 본토를 침공하자 영국의 공군은 레이더로 독일 전투기의 침공 루트를 미리 파악하고 효과적으로 대처했다. 히틀러는 기존의 유럽 국가들 침공 때처럼 독일 공군이 먼저 폭격하고 육군이 진격하는 방식으로 영국도 점령하려고 했다. 그러나 영국 공군의 저항에 부딪치자 히틀러는 영국 본토 점령 계획을 포기한다. 그 결과 당시 유럽에서 영국은 독일이 침공했지만 승리하지 못한 유일한 국가가 되었다.

● 일본보다 독일과의 전쟁이 우선입니다

1941년 12월 7일 일본이 진주만을 폭격하자, 바로 다음날 루스벨트는 의회에서 일본에 선전포고를 했다. 히틀러는 일본이 독일의 동맹국이라는 이유로 뚜렷한 대안도 없이 미국에 선전포고를 했다. 일본이 진주만을 침공하기 전까지 독일은 미국과의 전쟁은 상상도 하지 않고 있었다. 미국 또한 유럽에서 벌어지고 있던 전쟁에 관여하고 싶은 마음이 없었다. 제1차 세계대전에 연합국으로 참전했지만 자국민의 희생에 비해 미국이 얻은 실익이 별로 없었기 때문이었다.

루스벨트 역시 미국 내의 강한 반전 여론을 의식하여 유럽에서의 어떠한 전쟁에도 미군을 파견하지 않겠다는 공약으로 겨우 3선에 성공한 상황이었다. 하지만 진주만을 공격받아 전쟁에 참여하게 되자, 미국은 전쟁의 우선순위를 정해야 했다. '자국의 영토를 직접 공격해온 일본과 대서양에서 언젠가는 만나게 될 독일 중에서 어느 나라에 집중을 해서 전쟁을 수행해야 하는가?'였다. 루스벨트는 쉽게 판단을 내릴 수가 없었다. 이때 처칠은 독일과의 전쟁에 먼저 집중해야 장차 미국의 본토와 자국민을 지킬 수 있다고 루스벨트에게 애원에 가까운 설득을 했다. 결국 루스벨트는 미군 수뇌부에 독일과의 전쟁에 우선순위를 두는 전쟁 계획을 지시했다.

처칠이 단순히 영국과 유럽을 지키고 미국의 지원을 더 많이 받기 위해서 루스벨트에게 독일 우선 정책을 설득한 게 아니었다. 영국 역시 싱가포르, 말레이시아 등 자국의 식민지들이 일본에 넘어간 상황이었다. 미국이 일본을 우선순위로 정하고 싸운다면 독일보다는 더 빨리 일본을 제압할 수 있을 것이라고 예상했다. 그러면 영국의 식민지들도 쉽게 되찾을 수 있다. 보통 2명의 적과 싸운다고 가정했을 때 쉬운 상대를 먼저 제압하고 강한 적과 싸우는 게 일반적인 방법이다. 하지만 처칠은 그와는 반대의 생각을 가지고 있었다. 처칠은 세계 지도를 펼쳐놓고 독일과 일본의 현재 군사력과 점령지역 그리고 두 나라의 전쟁 수행 능력과 점령지 확장 능력을 면밀하게 검토했다.

영국이 미국이라는 막강한 아군을 얻게 된 상황에서 영국이 전쟁에서 승리하기 위해서는 미국의 군사적·경제적 지원이 절실한 상황이었다. 그러기 위해서는 미국 본토에서 안정적으로 전쟁 물자를 생산할 수 있어야 한다. 그리고 전쟁 물자는 안전하게 연합군에게 전달되어야 한다. 미국이 수천 킬로미터 떨어진 자국의 영토, 하와이가 공격받았다는 이유로 본토에 대한 공격 능력이 없는 일본과의 전쟁에 집중할 경우 반대로 독일은 유보트를 이용해 미국의 상선과 미국 본토까지도 공격할 가능성도 있었다. 처칠은 연합국이 독일을 먼저 제압해야 일본도 쉽게 물리칠 수 있다고 판단했다.

처칠은 일본은 언제든 집중해서 싸우면 이길 수 있는 상대라고 생각했다. 필리핀과 인도차이나 반도를 장악한 일본이 점령지를 넓히는 데는 지리적으로 한계가 있을 것으로 예측했다. 동쪽으로는 태평양이 있고 서쪽으로는 인도양이 있으며 북쪽에서는 중국이 강하게 저항하고 있었다. 일본이 남쪽의 호주로 점령지를 넓히는 것만 차단한다면 일본과의 전쟁은 독일과의 전쟁보다 훨씬 더 쉽다는 판단에서였다. 결국, 제2차 세계대전은 처칠의 예상대로 진행되었고 독일과 일본을 상대로 차례로 승리했다.

● 철의 장막이 드리워질 겁니다

수상직에서 물러난 후 처칠은 여러 곳으로부터 강연 초청을 받았다. 미국에는 유독 처칠을 찾는 곳이 많았다. 부통령 시절부터 처칠의 팬이었던 트루먼 대통령도 처칠을 초대했다. 1946년 3월 처칠은 미주리주 풀턴Fulton에 있는 웨스트민스터 대학에서 강연을 했다. 처칠은 이 자리에서 세계 정치사에 오랫동안 회자되는 유명한 연설을 한다.

발트해 연안의 슈체친Szczecin에서 아드리아해 연안의 트리에스테Trieste까지 유럽 대륙을 가로질러 철의 장막(iron curtain)이 드리웠습니다. 그 뒤로 유럽 중부와 동부에 있는 오랜 나라의 모든 수도들이 있습니다. 바르샤바 Warszawa, 베를린Berlin, 프라하Praha, 빈Wien, 부다페스트Budapest, 베오그라드 Beograd, 부쿠레슈티Bucureşti, 소피아Sofia, … 이 모든 유명한 도시와 거기서 살아가는 수많은 사람들이 소련의 영향권 안에 있으며, 모두 어떠한 형태로든 점점 강도가 높아지는 모스크바의 통제를 받고 있습니다.

제2차 세계대전이 끝난 직후 연합국의 일원으로 싸웠던 소련을 걱정하는 나라는 세계 어디에도 없었다. 그러나 처칠의 예견이 현실로 다가오는 데는 오랜 시간이 걸리지 않았다. 소련은 독일과 일본의 항복 이후 기존의 약속과 다르게 군대를 철수시키지 않고 점령한 지역을 공산주의 국가로 만들어버렸다. 점령된 국가들에는 소련의 지시를 받는 허수아비 정권이 들어섰다. 동독을 비롯한 대부분의 동유럽 국가들이 공산화되었고, 북한도 여기에 포함되었다. 북한의 한반도 공산화 전략은 남한 국민의 분열을 불러왔다. 공산주의를 신봉하는 사람들은 모든 사람은 평등하고 다 함께 잘 먹고 잘 살자는 주장을 폈고 미국의 신탁통치도 반대했다. 미국식 민주주의를 따라야 한다는 사람들은 미국의 신탁통치를 찬성하는 현수막을 들고 연일 거리에서 행진했다. 극심한 혼란 속에 탄생한 대한민국 정부는 미군의 지휘하에 자유민주주의를 천명했고, 공산주의의 확장을 경계했다. 제주도에서는 공산주의자로 의심받은 사람들이 폭동을 주도했다는 이유로 제대로 된 확인 절차 없이 총살되는 일이 발생하기도 했다. 처칠의 '철의 장막' 연설이 있은 지 4년 후 한

반도에는 동족 간의 전쟁이라는 비극이 발생했다.

리더에게 요구되는 여러 가지 항목 중 중요한 한 가지가 미래를 예견하는 통찰력이다. 우리가 리더에게 의지하는 이유는 그의 말대로 하면 더 나은 미래가 올 수 있을 것이라는 '희망' 때문이다. 따라서 리더는 현실을 제대로 파악하여 과거의 잘못이 되풀이되지 않도록 미래를 준비해야 한다. 그러나 리더 역시 신이 아닌 이상 모든 일을 완벽하게 준비할 수는 없다. 이 말을 뒤집어 생각해보면 신이 아니므로 더욱 공부하고 연구해야 한다는 말이다. 현재의 우리는 어디까지 와 있는가? 외부에서 보았을 때 우리의 문제점은 무엇인가? 과거의 우리와 그들의 과거는 어떻게 같고 어떻게 다른가? 우리의 강점은 무엇이고 약한 부분은 무엇인가? … 끊임없이 자문하고 해답을 찾아가다 보면 희미했던 미래의 모습이 하나의 형태가 되어 보이기 시작한다.

처칠은 어느 누구도 알려주지 않은 답들을 스스로 찾고 연구했다. 영국의 장점과 단점, 영국인의 특징과 습관, 사람들이 깊게 생각하고서도 오판하는 이유, 보통의 사람들이 '많은 사람이 믿는 것이 옳은 것'일 거라고 믿는 이유 등등. 처칠은 자신에게 질문했고 사람들에게서 해답을 발견했다.

통찰력은 태어날 때부터 갖고 있는 신비한 능력이 아니다. 무속인들처럼 자신이 믿는 신에게서 전해 듣는 예지력도 아니다. 통찰력은 끊임없는 자기성찰의 결과로 얻어지는 것이다.

4. 리더와 실무

● 리더는 현장에 있어야 한다

1911년 처칠은 해군의 최고위직인 해군장관에 임명된다. 하지만 아이러니한 사실은 처칠의 군대 경험은 7년이 전부라는 것이었다. 그것도 해군이 아닌 육군사관학교에 입학하여 육군 기병대 장교로 제대했다. 당시 영국의 군 체계는 군대를 지휘하는 사령관은 전업 군인이지만, 해당 군의 장관은 관례적으로 귀족 출신의 정치인이 맡았다. 이런 체계다 보니 실전 경험이 부족한 장관은 사령관들의 보고를 수상에게 전달하는 역할이 전부였다. 사령관의 임명과 해임은 장관이 아닌 수상이 직접 행사했다. 장관을 맡은 정치인은 경력을 위해 잠시 머무르는 직책으로 생각했다. 하지만 처칠의 생각은 달랐다. 장관이라면 자신이 맡은 분야의 전문가가 되어야 하고 직접 현장을 지휘할 수 있어야 한다고 생각했다.

처칠이 내무장관이던 시절 유명한 일화가 있다. 런던의 한 보석상에서 무정부주의자들이 도둑질을 하다가 출동한 경찰 3명을 살해하는 사건이 발생한다. 10여 일 뒤 처칠은 무정부주의자들이 무장한 상태에서 런던 시드니 거리Sydney Street의 한 건물에서 경찰들과 대치하고 있는 상황이라는 보고를 받는다. 내무장관 처칠은 경찰들을 이끌고 나가 시드니 거리를 포위했다. 범인들은 총과 폭탄을 들고 끝까지 저항하다가 원인 모를 화재 속에서 사망했다. 다음날 아침, 경찰들 사이에서 챙이 높은 모자에 영국식 정장을 입고 범인들이 있는 건물을 바라보고 있는 처칠의 사진이 신문 1면에 실렸다. 지금도 그렇지만 장관이 직접 경찰을 지휘하는 이런 낯선 풍경은 품위와 전통을 중시하는 당시의 영국 정치 현실에서는 더욱 이해할 수 없는 장면이었다. 동료 정치인조차도 장관의 품위를 손상시킨 행동이었다고 처칠을 힐난했다.

"우리는 위험지역 안에 서 있는 내무장관의 사진이 신문에 실린 것을 보고 당혹감을 금치 못했습니다. 사진기자가 현장에서 무슨 일을 하고 있는지는 충분히 이해가 갑니다만, 왜 내무장관께서 그 자리에 있어야 하는지는 좀처럼 이해가 되지 않았습니다."

처칠의 현장 중시 방침은 제1차 세계대전이 한창이던 1917년 군수장관에 임명되었을 때도 이어졌다. 처칠은 전투 현장의 사령관들로부터 미국에서 건너온 무기, 석유 등의 전쟁 물자와 식량 등의 원조 물자가 필요한 곳에 제때 전달되지 못하고 있다는 불만 사항을 듣는다. 처칠은 그 원인을 파악하기 위해 물자가 미국에서 들어와 전투 현장까지 배달되는 과정을 일일이 확인했다. 처칠은 전투지의 정확한 수요 파악이 잘못되어 있음을 발견하고 즉각 시정하도록 했다. 그 결과 필요한 곳에 필요한 양의 무기와 식량이 전달되었고, 이는 연합군이 전쟁에서 승리하는 데 큰 도움을 주었다.

군수장관 경험은 훗날 처칠이 수상이 되어 제2차 세계대전에서 역전의 발판을 마련하는 중요한 계기를 만든다. 제2차 세계대전의 또 다른

격전지였던 북아프리카에서는 '사막의 여우'로 불리던 독일의 전쟁영웅, 롬멜Erwin Rommel이 전차군단을 앞세워 영국군을 상대로 연전연승을 이어가고 있었다. 독일은 북아프리카를 완전히 장악한 후 중동으로 진출해 중요한 전쟁 물자인 석유를 확보한다는 계획이었다. 그렇게 된다면 독일군의 전력은 연합군을 완전히 압도할 수 있는 상황이었다. 처칠은 직감적으로 북아프리카의 중요성을 간파했다. 영국군은 북아프리카의 대부분을 빼앗기고 이집트까지 밀려나 있었다. 처칠은 자신이 직접 카이로Cairo로 날아가 현장을 파악하기로 결정한다. 이것은 독일이 장악하고 있는 프랑스와 북아프리카 사이의 지중해 위로 3,200킬로미터 이상을 날아가야 하는 매우 위험한 결정이었다.

카이로에 무사히 도착한 처칠은 현지 부대원들을 격려하고 사령관도 버나드 몽고메리 장군으로 교체했다. 처칠은 아프리카 전선의 결과가 향후 전쟁의 양상과 연합군의 사기에 중요한 영향을 미칠 것임을 예감했다. 처칠은 우선 독일에서 북아프리카로 보내지는 석유와 전차를 비롯한 전쟁 물자의 보급을 차단하는데 주력했다. 그리고 캐나다, 프랑스, 호주, 뉴질랜드, 인도 등의 다국적군으로 구성된 20만 명의 군인과 영국이 보낼 수 있는 모든 군수 물자를 이집트로 보냈다. 연합군의 수와 전쟁 물자는 독일의 2배가 되었다. '지휘관을 누구로 하느냐'와 '군 병력과 주요 전쟁 물자를 어디로 배치하는냐'는 전체 전쟁의 향방을 바꿀 수 있는 중요한 결정이다. 따라서 이런 판단은 군의 최고 결정권자가 내려야 하는 매우 힘들고 어려운 결정일 수밖에 없다. 특히, 미국의 셔면Sherman 전차를 비롯한 1,000여 대의 전차는 이집트의 엘 알라메인 전투Battle of El Alamein에서 독일군을 전멸시키는 결정적 요인이 된다. 처칠이 전쟁 물자를 보급하고 몽고메리 장군이 지휘한 엘 알라메인 전투의 승리는 아프리카에서 독일군을 몰아내고 전세를 처음으로 연합군 쪽으로 유리하게 만드는 중요한 계기가 되었다. 노르망디 상륙작전이 성공할 수 있었던 것도 연합군이 독일군의 한 축이었던 북아프리카 전선을 장악했기 때문이었다. 처칠은 이 역사적인 전투를 한 문장으로 이렇게 정리했다.

"알라메인 이전에는 결코 승리가 없었고, 알라메인 이후에는 결코 패배가 없었다."

● 국방장관인 수상

처칠은 자신이 말한 대로 역사시대 이래 발생한 두 차례의 최대의 재앙을 고위직에서 겪은 유일한 사람이다. 제1차 세계대전 때는 해군장관과 군수장관을 역임했고, 제2차 세계대전 때는 수상이 되어 전쟁을 지휘했다. 또한 공군의 중요성을 간파한 처칠은 스스로 공군 준장에 취임하여 공군 작전계획에 참여했다. 제2차 세계대전 기간 중 처칠이 즐겨 입던 옷은 상의와 하의가 붙어 있는 일자형 작업복처럼 보이는 공군 제복이었다. 처칠은 수상 취임과 동시에 국방장관직을 신설해 겸직했다. 모든 전쟁을 직접 지휘하기 위해서였다. 그것이 가능했던 이유는 군의 고위직에 있는 사람 중에서 육·해·공군을 모두 경험하고 지휘해본 사람은 처칠밖에 없었기 때문이었다. 수십만, 수백만 명의 목숨이 달려 있는 전쟁이기에 무엇보다 경험이 중요했다. 처칠은 다르다넬스 해전 경험을 통해 제한된 권한으로 전쟁을 지휘했을 때 어떠한 결과가 발생하는지를 터득했다. 지금은 육·해·공군의 합동작전을 당연한 것으로 생각하지만 제2차 세계대전 이전의 전쟁에서는 그러한 개념이 희박했다.

영국의 그 누구도 처칠보다 전쟁에 대해 잘 아는 지도자는 없었다. 전쟁도 많이 겪고 많이 치러본 사람이 지휘를 잘 할 확률이 높다. 처칠은 말을 타고 전투를 하던 시절부터 전쟁터에 있었다. 말을 타고 하는 경기인 폴로는 국가대표급 실력을 자랑했다. 처칠은 자신이 몸담고 있는 곳에서는 늘 최고가 되길 원했다. 종군기자로서 그는 가장 위험한 곳을 원했다. 전쟁과 같이 극단적인 상황에서의 두려움은 나에 대한 확신이 없을 때 그리고 상대방의 행동이 예상되지 않을 때 최고조가 된다. 처칠에게 전쟁은 일상이었다. 그리고 전쟁은 그의 예측대로 일어났고 진행되었다. 그는 어떻게 해야 전쟁에서 이길 수 있는지 알고 있었고 그렇게 했다.

처칠은 수상에 취임하던 날인 1940년 5월 10일 밤을 이렇게 기억했다.

마침내 나는 모든 국면에 걸쳐 지시할 수 있는 권한을 가지게 되었다. 나는 매순간 운명과 함께 걷고 있는 것처럼 생각되었으며, 그 이전의 모든 생애는 바로 그 시간 그 시련을 위한 준비 기간에 지나지 않았던 것 같다. 나는 전쟁에 관해서라면 상당히 많이 알고 있다고 생각했으며, 실패하지 않을 자신이 있었다. 그러므로 간절히 아침을 기다리면서도 깊게 잠들 수 있었다.

리더는 실제로 모든 일이 벌어지는 현장의 상황을 알고 있어야 한다. 그래야만 위기가 닥쳤을 때 당황하지 않고 적절한 판단과 지시를 내릴 수 있다. 리더의 현장 방문이 보여주기식 행사이거나 자신의 권위를 인식시키기 위한 수단이라면 그러한 방문은 서로에게 시간낭비일 뿐만 아니라 잘못된 판단을 내릴 수 있게 하는 어설픈 경험일 뿐이다.

● 현장에 해결책이 있다

고故 노무현 대통령은 김대중 정부 시절 해양수산부 장관에 임명되었다. 재임 기간은 8개월이 채 되지 않았다. 비록 길지 않은 기간이었지만 고 노무현 대통령은 해양수산부 장관에 임명될 때부터 퇴임할 때까지의 기록을 『노무현의 리더십 이야기』라는 책으로 남겼다. 그는 서문에 이 책을 쓰게 된 이유를 이렇게 밝혔다.

> "나는 우리나라의 공무원이 어떻게 일을 하고 있으며, 또 어떻게 일을 해야 하는지, 우리나라의 장관은 어떤 조건에서 책임을 맡게 되며, 어떻게 장관으로서의 리더십을 발휘해야 하는지를 생각했다. … 이 책은 이러한 입장에서 생각하고 실천했던 나의 리더십과 지식경영에 대한 보고서다."

나는 이 책의 마지막 장을 넘길 때까지 내용의 절반 이상을 이해하지 못했다. 대부분 해양수산부에서만 주로 사용하는 전문용어들이 나왔고 관련 공무원들의 실제 업무들, 관련 기관과의 연관 업무들이 적혀 있었다. 해양수산부에서 일어나고 있는 일들을 사례별로 열거하고 문제의 원인은 무엇이었으며 어떻게 해결했는지를 일목요연하게 정리하고 있었다. 해양수산부에서 하는 실무에 대해서 잘 알지 못하는 나로서는 모든 용어들이 생소했다. 이 책의 제목은 『리더십 이야기』다. 고 노무현 대통령이 리더십 관련 책의 대부분을 실무에 비중을 둔 이유를 짐작하게 하는 대목이 나온다.

"현장에 가면 다 있다. 문제점도 거기에 있고, 해결책도 거기에 있다. 만나야 할 사람도, 알아야 할 사실도 그곳에 가면 다 있다. 현실을 모르는데 어떻게 바른 정책이 나올 수 있겠는가. 정책의 시작은 현장을 확인하는 데 있다."

먼저 내가 속한 조직이 실제로 어떻게 일을 하고 있는지부터 제대로 파악하는 것이 리더십의 시작이다. 실무를 모르는 리더의 판단이 항상 좋은 결과로 이어지려면 언제나 운이 따라주어야만 가능하다. 『노무현의 리더십 이야기』는 내용의 대부분을 제대로 이해하지는 못했지만 리더가 왜 실무를 알아야 하는지를 느끼게 해준 책이다.

실무를 중요시한 전직 공무원이 조선에도 있었다. 다산 정약용 선생이다. 정약용은 성균관 유생 때부터 정조의 눈에 들어 과거시험에 합격한 이후로 요직에 등용되었다. 정약용은 암행어사로 경기도 각 지방을 순찰했고 황해도 곡산부사로도 재직했다. 정조 사후에 반대파인 노론 세력에 밀려 18년간 유배 생활을 했다. 정약용은 유배 기간 동안 500여 권의 책을 저술했는데, 대부분의 책들이 이때 만들어졌다.

정약용 선생의 대표작인 『목민심서牧民心書』는 지방을 다스리는 수령守令이 부임해서 떠날 때까지 어떻게 공무를 수행해야 하는지 설명하고 있다. 조선의 수령은 지역의 크기에 따라 명칭이 달랐다. 수령에 해당하는 직책은 부윤, 대도호부사, 목사, 도호부사, 군수, 현령, 현감 등이 있다. 품계는 부윤이 정2품으로 가장 높았고, 현감은 종6품이었다. 정약용의 아버지 역시 현감부터 목사까지 두루 수령의 관직을 거쳤다. 지방을 다스리는 수령은 왕의 권한을 대행하는 막강한 권력을 행사했다. 지금으로 말하면 경찰, 검사, 판사, 시장, 세무서장의 역할을 혼자서 다하는 셈이었다. 선비가 과거시험에 합격하면 대체로 지방의 수령으로 부임했다. 그러니 공자나 맹자의 말씀만을 열심히 공부하던 유생 출신의 수령이 그 다양한 실무를 모르는 게 당연했다. 대부분의 수령은 실무 담당자인 아전들에게 업무를 맡겼고 그들의 보고만 듣고 그대로 결정했다.

정약용은 아버지가 수령으로 있을 때부터 지방관의 역할과 책임을 잘 알고 있었다. 관직에 나와 암행어사와 부사를 거치며 수령이 일반 백성의 생활에 미치는 영향을 눈으로 직접 목격했다. 정약용은 지방관이 실무를 알고 있어야 아전들의 거짓 보고 여부를 판별해낼 수 있고 공정한 판결을 내릴 수 있다는 것을 절감했다.

『목민심서』는 수령이 지녀야 할 기본적인 마음가짐부터 시작한다. 이후 이방, 호방 등의 아전들이 하는 실무가 상세히 나와 있다. 형사 사건의 조사와 판결을 담당하는 형전刑典편에는 '중국판 솔로몬의 판결'도 예시로 나와 있다. 『목민심서』는 지방을 다스리는 수령을 위한 일종의 복무 지침서였다. 그러나 안타깝게도 실학과 실무를 바탕으로 한 정약용의 저서들은 조선 후기 집권 세력에게 철저하게 무시되었다. 조선 후기 정부 관리들의 매관매직 같은 부정부패는 날로 심해졌다. 특히 돈을 주고 관직을 얻은 지방 수령들의 착취는 민란의 주된 원인이 되었다.

실무를 중시한 처칠은 늘 현장에 있었다. 내무장관 시절에는 폭도들 앞에 있었고, 중령으로 복무할 때에는 총알과 대포가 빗발치던 참호를 자원했다. 해군장관일 때는 해군의 모든 부서와 항구를 돌아보았으며 총리 시절에는 런던을 공습하던 독일 폭격기를 옥상에서 올려다보았다.

실무를 잘 알지 못하거나 경험이 없는 책임자들이 모여 회의를 할 경우, 책상에만 앉아 현실을 무시한 채 무책임한 정책을 결정할 가능성이 크다. 우리나라 기업에서도 창업자가 자식이라는 이유로 회사를 물려주었을 때 비슷한 상황이 발생할 수 있다. 기업의 2세, 3세가 외국 유학 몇 년 하고 제대로 된 실무 경험 없이 정책을 결정하는 임원급 직원으로 고속 승진하는 경우를 많이 본다. 물론 그중에는 회사를 잘 이끌어가는 경우도 있다. 그러나 그 반대일 경우 그 회사의 직원들은 부디 회사가 잘 되기를 늘 기도하며 살아야 한다. 리더는 그가 이끄는 사람들의 현재와 미래를 좌우할 수밖에 없다는 것을 명심해야 한다.

5. 정보와 판단

● 레이더를 개발하라

'바다사자 작전Operation Sealion'⁴으로 명명된 독일의 1차 공격 목표는 항공기를 이용한 영국의 주요 군사시설이었다. 독일은 영국보다 항공기의 수적인 면에서는 앞서 있었다. 독일은 공군원수 헤르만 괴링Hermann Göring의 작전에 따라 2주 안에 영국의 영공을 제압하고 이어 정예의 지상군 70만 명이 해안에 상륙해서 영국을 굴복시킨다는 시나리오였다.

하지만 독일은 영국 공군의 효과적인 저항에 부딪혀 영국 침공 계획을 포기해야만 했다. 영국 공군이 독일의 침공을 막아낼 수 있었던 요인은 크게 3가지였다. 첫째, 잘 훈련된 공군 조종사가 있었다. 둘째, 스핏파이어Spitfire와 허리케인Hurricane 같은 우수한 성능의 전투기를 보유하고 있었다. 셋째, 레이더 개발을 완료해서 독일군의 공격 루트를 미리 파악하여 효과적으로 독일 전투기를 막을 수 있었다. 이 3가지는 모두 처칠의 공로다.

처칠은 해군장관으로 있을 때부터 항공기의 중요성을 간파했다. 그는

---

4 1940년 독일이 영국 본토를 침공하기 위해 세운 작전.

해군에 최초로 항공대를 도입하고 유능한 파일럿을 양성했다. 자신도 직접 비행기를 몰았을 정도로 그는 비행기를 좋아했다. 그는 정부에 항공대에 대한 예산 증액을 줄기차게 요구했고 영국 정부는 마지못해 그의 요구를 들어주었다.

1926년 야기 히데쓰구八木秀次와 우다 신타로宇田新太郎라는 일본인이 레이더의 기본 원리가 되는 야기-우다 안테나Yagi-Uda Antenna를 처음으로 발명했다. 그러나 이 획기적인 발명품은 영국과 미국에서 더 활발하게 개발되었다. 처칠은 자신의 과학 고문인 옥스포드 대학의 프레더릭 린더만 교수로부터 레이더에 대한 얘기를 들었다. 처칠은 린더만에게 레이더를 군사 용도로 활용이 가능한지 연구하도록 지시했다.

1930년대 처칠은 여당과 야당 어느 곳에서도 찾지 않는 기피 인물이었다. 영국 정부는 처칠을 유화정책에 반대하고 전쟁만을 주장하는 골치 아픈 정치인으로 취급하고 있었다. 처칠은 독일의 전쟁 계획을 확신하고 홀로 전쟁을 준비하고 있었다. 처칠은 레이더를 이용해 적 항공기의 위치를 파악한다면 공격과 방어에서 유리한 입장에서 싸울 수 있을 거라고 생각했다. 당시의 항공전은 적의 비행기가 육안으로 관측되면 그때서야 전투기가 출격하는 원시적인 전쟁이었다. 영국은 제2차 세계대전이 발발하기 전에 레이더를 해안가에 배치했다. 독일은 영국의 레이더 개발을 모르고 있었다. 영국 공군은 비행장에서 전투 준비를 하고 있다가 독일의 전투기가 레이더에 잡히면 그곳으로 출격했다. 이러한 레이더의 활용으로 영국은 독일보다 적은 수의 비행기로 독일 항공기의 침공을 효과적으로 막아낼 수 있었다.

● 에니그마를 해독하라

제2차 세계대전이 발발하고 독일은 유럽을 점령했지만, 영국은 여전히 독일에 저항하고 있었다. 히틀러는 나폴레옹이 썼던 방식으로 영국을 굴복시킬 작정이었다. 나폴레옹은 일명 '대륙봉쇄령'으로 불린 정책으로 유럽 대륙으로부터 섬나라 영국을 고립시켜 항복을 받아내려고 했다. 영국은 양모를 수출하고 유럽 대륙에서 밀을 수입해야 했다. 나폴레옹은 유럽 국가들을 위협해 영국으로부터의 양모 수입을 금지시키고 영국으로의 밀 수출을 차단하려고 했다. 그러나 유럽 국가들의 비협조로 영국을 고립시키는 데 실패했다.

하지만 히틀러는 효과적으로 영국을 고립시키고 있었다. 제1차 세계대전 때부터 활약한 독일의 잠수함 '유보트' 덕분이었다. 유보트는 악명이 높았다. 제1·2차 세계대전을 거치며 5,000여 척에 달하는 연합군의 군함과 상선이 유보트의 공격에 침몰했다. 처칠 역시 이렇게 말했다.

"전쟁 중 내가 유일하게 두려워한 존재는 유보트였다. 우리의 생명선인 바다를 위협했기 때문이다."

영국이 가장 우려하고 있던 점은 미국에서 대서양을 건너오는 상선들의 침몰이었다. 상선에는 영국이 필요로 하는 무기와 연료, 식량 같은 전쟁 물자가 실려 있었다.

제2차 세계대전 중 독일의 육·해·공군은 매일 수천 개의 암호화된 메시지를 각 부대에 전송했다. 이 암호화된 메시지는 '에니그마Enigma'[5]

---

5 에니그마: 독일어로 '수수께끼'라는 뜻을 가진 암호기계의 한 종류로, 제2차 세계대전 중 나치 독일이 군 기밀을 암호화하는 데 사용했다.

로 불리던 타자기 모양의 암호 제조기로 만들어졌다. 유보트 부대 역시 모든 작전 내용을 에니그마로 암호화해 본부와 잠수함이 주고받았다.

영국은 런던 외곽에 위치한 '블레츨리 파크Bletchley Park'[6]에서 에니그마 해독을 위한 특수부대를 만들었다. 특수부대의 암호명은 '울트라Ultra'였고, 책임자는 천재 수학자 앨런 튜링Alan Turing이었다. 튜링은 에니그마를 해독하기 위해서는 특수하게 고안된 전자식 기계장치가 필요하다는 결론을 내렸다. 문제는 비용이었다. 튜링이 고안한 암호 해독을 위한 기계는 지금의 가치로 10억 원이 넘는 돈이 필요했다. 블레츨리 부대는 튜링의 계획에 회의적이었다. 기계를 과연 만들 수 있을지, 완성된 기계가 암호를 해독할 수 있을지 장담할 수 없었기 때문이었다. 거금의 국가 예산을 들여 만든 기계가 암호 해독에 실패했을 경우 누군가는 책임을 져야하는 부담감도 있었다. 블레츨리 부대는 영국 내에서도 1급 비밀에 속하는 비밀작전이었다. 수상인 처칠과 정보부 소속의 일부만이 알고 있었다.

처칠은 암호해독기의 개발을 승인했다. 처칠은 앨런 튜링이 전권을 가지고 암호해독기를 개발할 수 있도록 조치했다. 개발 초기 튜링과 그의 동료들은 처칠에게 일할 충분한 직원이 부족하다는 편지를 보냈다. 처칠은 관련 부서에 다음과 같이 지시했다.

"오늘 실행할 일. 가장 먼저 그들이 원하는 것이 모두 이루어졌는지 확인할 것. 그리고 그렇게 되었다고 나에게 보고할 것."

---

6 블레츨리 파크: 영국 버킹엄셔 주 밀턴 케인스(Milton Keynes)에 있는 정원과 저택이다. 제2차 세계대전 동안 독일의 암호를 해독하던 곳으로도 잘 알려져 있다.

튜링이 개발에 성공한 2,400개의 진공관을 가진 전자식 암호해독기는 세계 최초의 컴퓨터가 된다. 튜링은 이 해독기를 '콜로서스Colossus'라고 불렀다. 콜로서스는 에니그마의 모든 암호를 해독해냈다. 특히 유보트의 암호 해독은 결정적인 성과였다. 영국 해군은 유보트의 작전 계획과 현재의 위치, 예정된 이동 경로까지 미리 파악했다. 에니그마의 해독으로 영국 군함은 대서양을 오가는 상선들을 보호할 수 있었다.

북아프리카에서도 콜로서스는 위력을 발휘했다. 에니그마 해독으로 북아프리카에 주둔 중인 독일군의 위치와 작전 계획을 파악했다. 독일군에게 전해질 보급품의 공급 루트도 알아냈다. 영국군은 지중해에서 전쟁 물자를 실은 독일의 수송선을 격침시켰다. 몽고메리 장군이 무적으로 여겨지던 에르빈 롬멜의 전차부대를 처음으로 이길 수 있던 여러 요인 중 하나도 에니그마의 해독이었다. 노르망디로 상륙 장소를 결정한 계기도 에니그마 해독의 결과였다. 독일이 연합군의 상륙 장소를 노르망디가 아닌 파드칼레Pas-de-Calais로 믿고 상륙에 대비한다는 전문을 해독했기 때문이었다.

독일은 에니그마보다 성능이 개선된 '터니Tunny'라고 불린 새 암호제조기를 개발했다. 독일은 사안에 따라 에니그마와 터니를 병행하여 사용했다. 튜링의 블레츨리 부대는 터니의 암호도 풀어냈다. 터니 해독의 가장 큰 성과는 1943년 여름 소련의 쿠르스크Kursk에서 벌어진 독일과 소련 간의 사상 최대 규모의 전차전이었다. 독일은 3,000여 대의 전차로 공격했고, 소련은 5,000여 대의 전차로 맞붙었다. 전차의 공격을 지원할 대규모 항공기도 동원되었다. 독일이 2,100여 기, 소련은 2,700여기의 항공기가 적군의 전차와 보병을 저지하기 위해 전투에 참가했다. 영국은 터니로 전송된 독일군의 모든 암호를 해독했다. 영국은 전투에 투입될 독일군 전차의 규모와 공격 예정일자, 작전 계획 등을 소련군에게 전달했다. 소련군은 영국이 제공한 정보와 자신들이 수집한 첩보를 바탕으로 독일과의 전차전에서 큰 승리를 거두었다. 소련은 쿠르스크 전투의 승리로 독일에게 빼앗겼던 영토를 완전히 탈환했고 2년 뒤 베를린을 포위했다.

제2차 세계대전을 연구한 학자들은 블레츨리 부대가 독일군의 암호를 해독해냄으로써 제2차 세계대전의 종전을 2~4년 정도 단축시켰다고 추정했다. 유보트의 전투력을 약화시키지 못했다면 노르망디 상륙 작전은 1년 이상 뒤로 미루어질 수도 있었다. 또한 동부전선에서 소련이 독일의 전차부대를 제압하지 못했다면 연합국과 독일의 전투는 2년 이상 지속되었을 거라는 결론에 도달했다. 제2차 세계대전으로 연간 700만 명의 사망자가 발생했다. 만약 에니그마와 터니를 해독하지 못했다면, 1,400만~2,000만 명이 더 목숨을 잃었을 수도 있었다.

● 에니그마 해독은 누구도 몰라야 한다

에니그마의 해독이 지속적으로 성과를 내기 위해서는 독일이 영국의 에니그마의 해독 사실을 몰라야 했다. 처칠은 영국 소도시의 폭격 계획과 일부 영국 전함의 공격 계획을 모른 체하라고 지시했다. 독일은 항복할 때까지도 에니그마의 암호가 해독된 사실을 몰랐다. 영국에서도 전쟁이 끝날 때까지 블레츨리 부대의 존재를 아는 사람은 거의 없었다. 1만 명에 달하는 암호해독부대 종사원들이 '비밀엄수' 선서를 전쟁이 끝나서도 지켰기 때문에 가능했다. 앨런 튜링 역시 자신이 개발한 콜로서스에 대해서 외부에 누설하거나 책으로 남기지 않았다. 블레츨리 부대에서 암호 해독에 참가했던 코히라는 한 여성 직원은 치과에도 가지 않았다. 마취되어 있는 동안 잘못해서 말을 할까 봐 두려웠기 때문이었다. 심지어 남편에게도 말할 수 없었다.

처칠은 제2차 세계대전이 끝나고 보안 유지를 위해 블레츨리에 있던 콜로서스의 해체를 지시했다. 콜로서스는 최초의 컴퓨터였지만 한동안 컴퓨터의 역사에서 빠져 있었다. 튜링이 개발한 암호 해독 시스템, 콜로서스는 현대의 컴퓨터처럼 단어를 2진수의 형태로 표현했다. 블레츨리 부대의 존재는 1970년대 기밀 문서가 해제되면서 확인되었다. 콜로서스를 개발해 에니그마의 암호를 해독한 앨런 튜링의 공로도 그가 사망한 이후에 세상에 알려졌다. 영국 정부는 에니그마와 터니, 콜로서스에 대한 500페이지짜리 극비 문서를 튜링이 죽고 46년이 지난 2000년 6월에 공식적으로 비밀에서 해제했다. 이후 앨런 튜링이 블레츨리 파크에 합류하여 암호해독기를 개발하고 자살로 생을 마감하는 과정이 영화로 만들어지기도 했다.

처칠을 비판적인 시각으로 바라보던 사람들은 처칠이 집필한 책들에 대해 곱지 않은 시선을 보내곤 했다. 특히 전쟁터에서의 전투 장면과 군대의 상황을 기록한 책들은 처칠이 정치인이 되기 위한 홍보 수단이라고 평가절하했다. 그러나 『제2차 세계대전』으로 처칠이 자신의 업적을 과장하거나 자랑하기 위한 수단이 아니었음이 증명되었다. 자신의 업적을 자랑할 목적이었다면 블레츨리 부대를 지원해서 에니그마의 암호를 해독한 사실을 쓸 수도 있었다. 유보트의 암호 해독은 제2차 세계대전의 양상을 바꾸어놓았을 뿐만 아니라 전쟁을 단축시킨 놀라운 성과였다. 전쟁도 끝이 난 마당에 암호 해독을 숨길 이유가 없었다. 그러나 처칠은 자신의 저서 『제2차 세계대전』의 어디에도 에니그마를 해독한 사실을 언급하지 않았다. 처칠은 블레츨리 부대원과 함께한 약속을 죽을 때까지 지켰다.

우리는 자신의 업적을 과장하거나 잘못을 부정하고 사소한 일을 미화할 목적으로 자서전을 펴내는 정치인들을 보아왔다. 사실을 있는 그대로 쓰고 비밀을 약속한 내용은 끝까지 지키는 게 참다운 리더의 모습이다. 같은 시대에 사는 사람들이 자신의 가치를 몰라준다고 해서 자기가 만든 원칙을 저버리는 사람은 리더로서의 자질이 부족한 사람이다. 자신이 세운 원칙을 지켜나가는 리더는 언젠가는 세상이 그를 인정하고 존경하게 된다.

PART 5
리더의
성공과 실패

처칠의 '항복한 적에 대한 관대함'과 미래를 내다보는 통찰력의 절묘한 조합은 유럽을
하나의 공동체로 만드는 데 영감을 주었다. 시대가 아무리 변하고 과학기술이 끝없이
발전한다 해도 사람은 혼자서는 살아갈 수 없다. 어느 사회건 조직이건 함께 가야 할
사람들이 있고 그 사람들을 이끌어야 할 리더가 필요하다. 자신의 역할을 충실히 함
과 동시에 자신을 따르는 사람의 성공을 도와주는 리더가 앞으로 우리가 지향해야 할
리더의 모습이다. 처칠은 영국을 넘어 전 세계가 함께 발전하고 번영하기를 바랐고,
그 목표를 이루기 위해 자신의 일생을 바쳤다.

1. 처칠과 루스벨트 그리고 히틀러

● 처칠과 루스벨트의 공통점

제2차 세계대전이 연합국의 승리로 끝날 수 있었던 데는 여러 가지 요인이 있었지만, 그중에서도 처칠 수상과 루스벨트 대통령의 역할과 비중을 빼놓고는 제대로 설명할 수 없다. 처칠과 루스벨트는 많은 공통점을 가지고 있었다. 처칠과 루스벨트는 미국 출신의 돈 많은 어머니에게서 태어나 귀족적인 분위기 속에서 자랐다. 제1차 세계대전 때에는 해군에서 중요한 위치에 있었다. 처칠은 해군장관으로, 루스벨트는 해군차관보로 전쟁에 참여했다. 제2차 세계대전 때에는 처칠은 수상으로, 루스벨트는 대통령으로 군의 통수권자가 되었다.

두 사람은 서로를 신뢰했고 2,000통에 가까운 편지를 주고받으며 우정 이상의 관계를 평생 동안 유지했다. 제2차 세계대전 기간 중 중요 직책의 인사를 결정해야 할 때는 모두가 수긍하고 따를 수 있는 인물을 그 자리에 앉혔다. 처칠은 몽고메리 장군을 북아프리카 지역 사령관으로 임명하여 패전을 거듭하던 연합국에 첫 승리를 안겼고, 루스벨트는 아이젠하워 장군을 연합군 총사령관으로 임명하여 제2차 세계대전을 연합국의 승리로 이끌었다. 가장 많은 희생자를 내며 독일과 치열하게 전쟁 중이던 소련이 자신들과 아무런 상의 없이 독자적으로 독일과 휴전하지 않도록 처칠과 루스벨트는 함께 설득했다.

무엇보다도 두 사람의 가장 중요한 공통점은 국가가 군사적으로 위기 상황이라고 판단되었을 때 과감하게 전쟁을 결단했다는 점이다. 그리고 두 사람은 모두 국민이 전쟁을 지지하고 포기하지 않도록 설득하고 독려하는 연설 능력 또한 뛰어났다. 처칠과 루스벨트는 여론을 중요시했다. 그러나 여론의 눈치를 보며 국가를 끌고 가지는 않았다. 제2차 세계대전이 발발하고 독일이 유럽을 차례로 점령해나가자, 대부분의 영국인들은 독일과 전쟁을 한다면 이기기 힘들다고 생각했다. 전쟁 준비는 제대로 되어 있지 않았고, 국론은 분열되어 있었다. 부유한 귀족들과 지도층 인사들 중에서 캐나다로 도망갈 준비를 하는 사람들이 많았다. 독일이 영국을 침공할 수도 있다는 암울한 분위기에서 수상이 된 처칠은 여론에 휩쓸리지 않고 단호하게 전쟁을 택했다. 독일의 침략을 남의 나라 일로 치부하던 유럽 국가들과 영국 정부에 대해 처칠은 이렇게 말했다.

"그들은 악어에게 먹이를 주며 자신이 가장 나중에 잡아 먹히길 바라는 사육사들이다."

영국은 독일과의 첫 항공전에서 승리했다. 그러나 독일은 야간을 틈타 런던에 수천 발의 폭탄을 거의 매일 퍼부었다. 전쟁 물자와 구호 물자를 싣고 영국으로 향하던 상선들은 독일의 잠수함 유보트에 의해 속

수무책으로 침몰했다. 영국인들은 죽음의 공포에 떨었고, 생필품이 부족했으며, 이러한 상황이 언제 끝날지 알 수 없다는 사실에 차츰 지쳐갔다. 영국인들은 밤이 되면 독일의 폭격을 피해 지하로 내려가 지하철 승강장에서 자야 했다. 처칠은 영국 국민이 전쟁을 겪으며 희생과 대가를 치르고 있지만 독일과 계속 싸워야 하고 싸울 가치가 있다고 믿게 만들었다.

"이제 우리는 몇 개월 전보다 상황에 익숙해졌고 고난과 어려움을 앞둔 사실을 더 잘 알고 있습니다. … 우리가 살아남을 수 있는 길은 흔들림 없이 최선의 노력을 다하는 것뿐이라는 사실을 잊지 맙시다."

아무리 크고 강한 나라와 전쟁을 할지라도 전 국민이 일치단결하여 싸운다면 쉽게 지지 않는다는 사실을 베트남 전쟁이 보여줬다. 독일 또한 막강한 군사력을 가지고 있었지만, 영국 국민들의 사기를 꺾지 못했고 결국 독일은 영국 본토로의 상륙을 포기했다.

제2차 세계대전이 유럽에서 발발했지만 미국은 무관심했고 오히려 전쟁에 반대하는 의견이 팽배했다. 제1차 세계대전 때 미군들은 유럽에서 벌어진 전쟁에 연합군으로 참전하여 많은 희생을 치렀다. 미국은 전쟁 기간 동안 유럽 국가들에게 많은 지원을 해줬다. 하지만 전후 처리 과정에서 제대로 된 감사와 보상을 받지 못했다는 좋지 않은 기억이 미국인들에게 남아 있었다. 제2차 세계대전 초기에 치러진 미국 대선에서 루스벨트는 이런 국민의 여론을 의식할 수밖에 없었다. 루스벨트는 미국 젊은이들을 전쟁터로 보내지 않겠다는 공약으로 3선에 성공했다. 처칠은 루스벨트에게 군사 원조를 요청하는 편지를 수차례 보냈고, BBC 라디오 연설을 통해 미국 국민들에게도 도움을 호소했다. 루스벨트 대통령은 '독재 권력을 지향하는 독일이 자유민주주의 국가를 무력으로 점령해나가는 상황을 모른 체할 수 없다'는 양심의 소리에 침묵할 수 없었다. 미국이 연합국에 무기를 원조해주기 위해서는 의회의 동의가 필요했다. 루스벨트는 국민들에게 말했다.

"가까운 이웃에게 큰불이 났다고 합시다. 우리가 불을 끄는 소방수는 아니지만 옆집이 불을 끌 수 있도록 소화용 호스를 빌려줄 수는 있는 것 아닙니까?"

루스벨트는 이런 논리로 '무기대여법'[1]이라는 획기적인 법안을 의회에 제출하여 국민들과 의회의 동의를 얻어냈다. 미국이 제공한 전함들과 무기는 제2차 세계대전 초기에 연합국이 전쟁을 수행해나가는 데 큰 도움이 되었다.

1941년 12월 7일 일요일 아침, 일본은 선전포고도 없이 하와이의 진주만을 폭격했다. 일본의 목적은 미국과의 전면전이 아니었다. 일본으로의 석유 수출을 금지한 미국에 대한 일종의 무력 시위였다. 일본은 석유 확보를 위해 동남아 지역을 점령하기로 결정했다. 필리핀을 중심으로 동남아 지역에 영향력을 행사하고 있던 미국이 군사적으로 개입하

---

1 무기대여법: 제2차 세계대전 중이던 1941년 3월, 미국이 연합국에 군사 원조를 하기 위해 제정한 법률로, 1945년까지 이 법률에 의해 약 500억 달러의 군수 물자가 제공되어 연합국이 승리하는 데 큰 역할을 했다.

는 것을 주저하게 하거나 지연시키는 것이 진주만 공습의 주요 목적이었다. 전쟁에 참여하지 않겠다는 공약으로 당선된 루스벨트와 전쟁을 반대하는 대다수의 미국 국민이 일본과의 전면전을 쉽게 결정하지 못할 것이라는 계산도 깔려 있었다. 루스벨트는 일본의 예상을 깨고 진주만 폭격 바로 다음날 의회에서 일본에 대한 전쟁을 선포하는 연설을 했다. 국민의 의사를 가장 존중하는 미국 의회는 3일 뒤에 일본에 대한 선전포고를 승인했다.

자신의 주관을 배제하고 다수의 여론을 감안하여 의사 결정을 하는 것은 민주 사회의 리더로서 중요한 덕목 중의 하나다. 그러나 여론이 부정확한 정보에 의해 형성된다거나 잘못된 방향으로 흐르고 있다고 판단되면 리더는 과감한 결단을 내려야 한다. 그리고 자신의 결단을 논리적으로 설득하고 기다려야 한다. 처칠과 루스벨트는 헌법이 보장하는 선에서 자신의 주장을 펼쳤고, 국민의 대표인 의회 의원들에게 자신의 생각을 객관적이고 합리적인 논리로 설득했다. 국민에게 알려야 할 중요한 문제가 있다면 의회에서 성실하게 설명하고 국민의 판단을 기다렸다. 처칠과 루스벨트는 믿고 있었다. 리더가 문제점을 정확하고 솔직하게 말해준다면 대다수의 일반 국민들은 합리적인 판단을 할 수 있다는 것을. 처칠은 아버지 랜돌프 처칠 경의 말을 기억했다.

"일반 국민을 믿어라."

● 처칠과 히틀러의 공통점

처칠과 히틀러는 신기하리만큼 많은 공통점이 있었다. 아버지는 모두 공무원이었고 아들에게 가혹했다. 처칠의 아버지, 랜돌프 처칠은 재무 장관을 지낸 고위 공무원이었다. 처칠의 아버지는 처칠을 공부하기 싫어하는 문제아로 취급했고 죽을 때까지 처칠에게 관심이 없었다. 어린 처칠에게 커서도 아무짝에도 쓸모없는 사람이 될 것이라고 말하곤 했다. 처칠이 육군사관학교에 합격했을 때는 기병대에 지원한 처칠에게 돈이 많이 든다는 이유로 저주에 가까운 편지를 보냈다.

히틀러의 아버지, 알로이스 히틀러Alois Hitler는 세관 공무원이었다. 히틀러의 아버지는 공부에는 관심이 없고 그림 그리기에만 열중했던 히틀러에게 화가 날 때마다 모진 매질을 했다. 히틀러의 아버지는 히틀러가 안정적인 수입이 보장되는 공무원이 되기를 강요했다.

처칠과 히틀러는 제1차 세계대전의 전투 현장에 있었다. 처칠은 프랑스의 참호에서 부하들을 지휘했고, 히틀러는 육군 상병으로 참전하여 부상을 입기도 했다. 처칠은 제1차 세계대전 중 다르다넬스 해전 참패 이후 다시 군에 들어가 자원해서 프랑스의 최전방으로 갔다. 히틀러는 오스트리에서 태어났지만 전쟁이 일어나자 독일군에 자원입대했다.

처칠과 히틀러는 모두 그림을 좋아했다. 처칠은 1929년 이후 모든 공직에서 물러나게 되자 우울증에 빠졌다. 처칠은 자신의 우울증을 '검둥개black dog'[2]라고 불렀다. 처칠이 검둥개를 쫓아보낸 건 그림을 배우게 되

---

2 검둥개: 처칠이 자신의 우울증에 붙인 이름이었지만, 이후 우울증을 가리키는 일반명사가 되었다.

면서부터였다. 처칠은 수백 장의 그림을 그렸고, 그중 2장은 지금도 루브르 박물관Musée du Louvre에 전시되어 있다. 히틀러는 어렸을 때부터 꿈이 화가였다. 히틀러의 아버지는 히틀러가 공무원이 되길 바랐지만, 히틀러는 자신의 꿈을 포기하지 않았다. 오스트리아에 있는 유명 미술대학에 지원했지만 번번이 떨어졌다. 히틀러는 생계를 위해 관광지에서 그림엽서를 만들어 관광객들에게 판매했다.

독일이 제2차 세계대전을 일으키고 유럽을 점령해나가면서 유명 예술품과 문화재의 약탈을 자행했다. 특히 유명 화가의 그림들이 1차 목표였다. 히틀러가 그림에 애착을 보인 이유 때문이었다. 부유한 유대인들이 소유한 예술품들은 거의 전부가 독일군의 손에 넘어갔다. 독일군은 약탈한 예술품과 문화재를 동굴 등지에 보관했다. 거대한 박물관을 지어 그곳에 옮기기 위한 준비였다. 연합군은 유럽을 회복하면서 약탈된 문화재를 찾는 특수부대를 편성했다. 그들의 실화를 소재로 한 영화가 2014년에 개봉한 〈모뉴먼츠 맨The Monuments Men: 세기의 작전〉이다. 되찾은 문화재가 500만 점이 넘었고, 찾지 못한 것도 많았다.

처칠과 히틀러는 열렬한 독서광이었다. 처칠은 군 복무 시절부터 고전과 역사책에 심취했고, 어머니 제니에게 보내는 편지에는 언제나 자신이 원하는 도서 목록을 포함시켰다. 히틀러 역시 틈만 나면 책을 읽었다. 그림엽서를 판 돈의 대부분은 책을 사는 데 썼다. 그래서 히틀러는 늘 궁핍한 생활을 해야 했다. 히틀러는 그 시절을 이렇게 기억했다.

"식비를 아껴 가끔 오페라를 구경하는 것을 제외하면 책만이 나의 유일한 친구였다. 나는 이것저것 닥치는 대로 많은 책을 읽었다. 시간이 있으면 쉬지 않고 공부했다. 그 몇 년 동안은 오늘날까지도 내게 실력을 공급하는 지식의 기초를 이루고 있다."

처칠과 히틀러가 정계에 나와 사람들을 움직이는 명연설을 할 수 있었던 것도 그들의 광적인 독서 습관이 바탕이 된 것이었다.

처칠과 히틀러는 무수히 많은 죽음의 고비를 넘겼다. 처칠은 18세 때 사촌들과 술래잡기를 하다가 9미터 높이 다리에서 떨어져 3일간 의식불명인 채로 있었다. 몇 달 뒤에는 스위스에서 수영 도중 익사 직전에 구조되었다. 처칠이 강연차 미국에 갔을 때는 영국과는 좌우가 반대인 도로에서 반대편에서 오는 차에 치어 중상을 입었다. 처칠은 죽음의 문턱에서 살아났고 10개월 뒤에 병원에서 퇴원할 수 있었다. 제2차 세계 대전 중에도 여러 번 죽을 고비를 넘겼다. 처칠은 그럴 때마다 하늘에서 내려온 신비한 날개가 자신을 보호해주고 있다고 믿었다.

히틀러는 독일에서 정치를 시작할 때부터 암살 위협을 받았다. 총 43번의 암살 계획이 있었지만, 모두 실패로 돌아갔다. 그중 '늑대굴Wolfschanze'로 불리던 히틀러의 비밀 벙커에서 시도된 마지막 암살 계획은 너무나 드라마틱해서 영화로도 만들어졌다. 2009년에 개봉한 톰 크루즈Tom Cruise 주연의 〈작전명 발키리〉다. 히틀러는 신이 자신을 구해준 것으로 생각했으며 자신이 독일의 구세주가 될 것이라고 믿었다.

처칠과 히틀러는 탁월한 연설가였다. 처칠의 연설은 독일의 폭격으로 불안에 떨던 영국 국민들을 위로했고 독일에 점령당한 유럽인들에게는 자유와 희망의 촛불이었다. 히틀러의 연설은 독일 국민들의 자존심을 회복시켜주었지만 연합국과 유대인에 대한 증오와 복수심을 불러일으켜 독일을 전쟁으로 몰아넣는 비극을 낳았다.

처칠과 히틀러는 베스트셀러를 남겼다. 처칠은 여러 권의 베스트셀러를 남겼지만 그중 독자들에게 가장 인기가 있었던 책은 『제2차 세계대전』이었다. 처칠의 『제2차 세계대전』은 전 세계 40개국 50여 개 신문에 연재되었고 출판 당시 영국에서만 600만 부가 팔렸다. 처칠은 막대한 인세를 받아 모든 빚을 청산하고 은행에 넘어갈 뻔한 차트웰의 저택도 찾을 수 있었다. 히틀러는 제1차 세계대전이 끝나자 군에서 제대했다. 제대 후 자신의 추종자들과 폭동을 모의하다가 감옥에 갇혔다. 감옥에서 『나의 투쟁Mein Kampf』이라는 책을 썼다. 히틀러는 『나의 투쟁』에서 독일에 대한 연합국의 부당한 요구를 신랄하게 비판했다. 패전의 이유도 군수공장의 파업을 주도한 유대인들 때문이라고 썼다. 히틀러의 책은 출간되자마자 독일은 물론 유럽에서 공전의 히트를 기록했다. 『나의 투쟁』으로 대중에게 강한 인상을 준 히틀러는 일약 독일의 애국자 반열에 올랐다. 책과 연설로 얻은 대중의 인기를 기반으로 히틀러는 독일의 최고 통치자가 되었다. 처칠은 영문판으로 번역된 『나의 투쟁』을 읽고 히틀러가 반드시 전쟁을 일으킬 것이라고 확신했다. 히틀러의 책은 지금도 우리나라는 물론 18개국에서 팔리고 있다. 『나의 투쟁』은 히틀러와 나치즘을 연구하는 학생과 학자들의 중요한 참고 서적이 되고 있다.

처칠과 히틀러는 볼셰비즘Bolshevism, 즉 공산주의를 혐오했다. 처칠은 1910년대 말 러시아가 볼셰비키 혁명으로 공산화되고 있는 상황을 우려스럽게 바라보았다. 노동자만을 위한 세상을 열겠다는 공산주의자들이 선량한 왕족과 귀족 그리고 자본가를 무차별적으로 학살할 것으로 예상했기 때문이었다. 우려는 현실이 되어갔다. 러시아 정부군인 백군 white army과 볼셰비키의 적군red army은 전쟁에 돌입했다. 처칠은 백군을 도와줘야 한다고 영국 정부에 호소했다. 그러나 영국은 제1차 세계대전 이후 자국을 추스리느라 동쪽에서 벌어지는 남의 나라 내전에 신경 쓸 겨를이 없었다. 영국은 연합국이었던 러시아를 도와주는 시늉만 했고 결국 러시아는 공산국가인 소련이 되었다.

히틀러는 독일이 제1차 세계대전에서 패배한 이유를 독일까지 파고든 공산주의자들 때문이라고 주장했다. 공산주의자들이 군수 공장의 노동자들을 선동해 파업을 유도했으며, 군수 공장의 파업으로 인해 무기가 독일군에게 제때 공급되지 않았다는 논리였다. 공산주의 사회를 주창한 마르크스Karl Marx가 유대인이라는 이유로 더욱 공산주의를 혐오했다. 나치가 독일에서 다수당이 되었을 때 국회의사당에서 화재가 발생했다. 히틀러는 방화로 단정짓고 배후에 독일 사회의 전복을 노리는 공산주의자들이 있다고 주장했다. 정확한 화재 원인은 밝혀지지 않았지만 독일의 공산주의자들은 이때 대부분 체포되어 감옥에 가야 했다. 히틀러는 자신의 정적이었던 공산주의자들을 이런 식으로 제거해나갔다.

● 처칠과 히틀러의 차이점

국가를 운영하는 리더에 대한 평가는 인사를 어떻게 하느냐에 따라 결정될 경우가 많다. 처칠은 여러 부서의 장관으로 그리고 수상으로 재직하는 동안 확실한 인사 원칙을 정했다. 진급 대상자를 근무 연수나 출신 배경, 과거의 행적에 대한 주위의 평가가 아니라 오로지 능력만을 보고 책임자의 자리에 앉혔다. 전투기 제작을 주로 맡았던 항공장관에 비버부룩 경William Maxwell Aitken, 1st Baron Beaverbrook을 지명했을 때 많은 사람들이 반대했다. 비버부룩이 과거에 정당하지 못한 방법으로 부를 축적한 점을 이유로 들었다. 그러나 처칠은 비버부룩의 업무 추진력을 믿었다. 비버부룩은 항공기 생산량을 배로 늘렸고, 이후 독일과의 항공전에서 우위를 점하는 계기를 만들었다. 처칠은 군대 근무 연수에 따라 자동으로 진급하는 군 고위 장성 인사 제도를 반대했다. 처칠은 이렇게 말했다.

"군대는 장교들의 사교모임장이 아닙니다. 저의 임무는 영국의 국왕과 국민에게 충성하는 장성을 가려내는 것입니다."

히틀러는 그 사람의 능력보다는 자신에 대한 충성도에 따라 인사를 결정했다. 대표적인 예가 공군의 최고직인 원수에까지 오른 헤르만 괴링이다. 괴링은 제1차 세계대전 때 뛰어난 공군 조종사로 이름을 날렸고, 제1차 세계대전 이후 나치당에 입당한 뒤에는 히틀러의 열렬한 지지자가 되었다. 괴링은 히틀러에 반대하는 세력을 제거하기 위해 비밀경찰인 게슈타포Gestapo를 창설하고 반대파 숙청에 앞장섰다.

제2차 세계대전이 일어나면서 괴링의 무능과 개인적 욕망은 서서히 드러났다. 영국에 대한 독일 공군의 침공 작전은 실패로 돌아갔고, 점령지에서 약탈한 예술품과 사치품 중 많은 수가 괴링의 개인 창고로 빼돌려졌다. 히틀러는 괴링의 문제점을 알고 있었지만 어떠한 문책도 하지 않았다. 괴링은 오히려 승진을 거듭해 2인자 자리에 올랐다. 괴링은 모르핀 성분의 약물을 남용해서 중독 증상까지 보였다. 감정 기복이 심했고 화려한 군복과 보석을 좋아했다. 괴링의 무능과 부정부패는 계속되었지만, 히틀러는 괴링에 대한 신임을 버리지 않았다. 자신에게 가장 충성을 다하는 참모가 괴링이라고 생각했기 때문이었다. 독일이 제2차 세계대전에서 패전하기 얼마 전 괴링은 히틀러에게 총통 자리를 넘겨달라는 황당한 편지를 보낸다. 이 편지를 읽은 히틀러는 분노하여 괴링을 모든 직책에서 해임했다. 괴링은 제2차 세계대전이 끝나자 1급 전범으로 체포되어 사형을 선고받았다. 사형 집행을 기다리던 괴링은 전범수용소 안에서 자살로 생을 마감했다.

처칠과 히틀러는 제2차 세계대전의 수많은 전투에 직간접적으로 관여했다. 그러나 두 사람의 방식은 극명하게 달랐다. 가장 대표적인 예가 됭케르크 철수Withdrawal of Dunkerque와 스탈린그라드 전투Battle of Stalingrad였다.

영국은 1940년 독일이 네덜란드와 벨기에를 거쳐 프랑스를 침공하기 1년 전인 1939년에 프랑스에 원정군을 파견했다. 그러나 막강한 독일군의 전력에 밀려 영국군과 연합군은 프랑스의 됭케르크 지역에 고립되었다. 처칠을 비롯한 영국 지휘부는 됭케르크에 고립된 연합군을 영국으로 철수시키기로 결정했다. 영국의 모든 전함이 철수 작전에 투입되었다. 심지어 어선과 요트도 동원되어 민간인도 연합군 구출에 참가했다. 프랑스에 파병된 영국군은 고트 장군이 지휘하고 있었다. 처칠은

<u>고트</u>John Vereker, 6th Viscount Gort 장군이 영국군의 전통대로 끝까지 철수를 지휘하다가 독일군에 포로가 될 수도 있는 점을 우려해 친서를 보냈다.

"철수가 마무리되었을 때 지휘권을 군단장에게 넘길 것을 명합니다. 이것은 정당한 군사적 절차에 의한 것으로, 개인의 자의적 선택은 허용되지 않습니다. 그리고 지휘를 인계받은 군단장에게 자신의 판단으로 더 이상 철군이 불가하고 적에게 타격을 줄 수 없을 경우 정식으로 항복하여 불필요한 아군의 대량인명 손실을 피하도록 하는 권한을 부여해야 할 것입니다."

이때 영국으로 철수한 33만여 명의 연합군은 독일과의 전투에 다시 투입되어 중요한 전력으로 활용되었다. 처칠의 명령에 따라 귀국한 고트 장군은 제2차 세계대전의 주요 전투를 지휘했고 전쟁이 끝난 다음 해인 1946년에 간암으로 사망했다.

됭케르크와 비슷한 상황이 필리핀에서도 벌어졌다. 선전포고도 없이 진주만을 침공한 일본군은 미군이 주둔하고 있던 필리핀도 기습적으로 공격했다. 대부분의 미군은 마닐라Manila 지역에 고립되었고 필리핀에서 철수해야 하는 상황이었다. 미국의 루스벨트 대통령은 필리핀 주둔 사령관에게 어떻게 명령을 내려야 할지 고민하고 있었다. 이때 함께 있던 처칠이 고트 장군에게 보낸 편지의 사본을 루스벨트에게 보여주었다. 편지를 한참 들여다보던 루스벨트는 처칠과 똑같은 내용의 명령서를 필리핀에 보냈다. 탈출에 실패한 장교와 군인들은 일본군의 포로가 되었다. 일본군의 포로가 된 미군 중에서 살아서 돌아온 병사는 극소수에 불과했다. 필리핀을 탈출한 사령관은 일본과의 전쟁을 승리로 이끌었다. 5년 후 그는 아시아의 작은 국가의 전쟁에도 참전했다. 이 사령관은 그 전쟁에서 그 나라의 운명을 바꾼 작전을 성공시켜 전세를 뒤집었다. 이 사령관의 이름은 바로 더글러스 맥아더Douglas MacArthur다. 처칠은 그때의 일에 대해 자신의 회고록 『제2차 세계대전』에 소감을 적었다.

> "그리하여 자칫하면 거기서 전몰하거나 일본군의 포로가 되었을지 모르는 위대한 한 지휘관의 영광스러운 미래를 보전할 수 있게 되었다. 나는 그것이 사실이라고 생각한다."

처칠은 '전투에서는 지더라도 전쟁에서 이기는 것이 더 중요하다'는 상식적인 판단에 따라 고트 장군에게 명령했고 루스벨트에게 조언했다.

1941년 6월 22일 전격적으로 이루어진 독일의 소련 침공은 공격 초기에는 거칠 것이 없었다. 그러나 시간이 갈수록 독일의 진격 속도는 느려졌다. 세 곳으로 분산된 공격 루트, 길어진 보급선, 소련군의 격렬한 저항, 영하 40도에 이르는 러시아 겨울의 맹추위. 4개월 안에 모스크바를 점령한다는 독일의 계획은 모스크바를 눈앞에 둔 상황에서 멈추어야 했다.

히틀러는 목표 지역을 스탈린그라드Stalingrad로 바꾼다. 스탈린그라드를 목표로 정한 이유는 크게 2가지였다. 첫째, 공업도시인 스탈린그라드를 점령해 소련군의 무기 생산을 차단한다. 둘째, 스탈린그라드를 점령하면 남쪽의 캅카스^{Kavkaz}[3]지방의 유전을 확보할 수 있다. 그러면 소련군의 석유 공급을 차단하고 확보한 석유를 독일군이 사용할 수 있다.

소련 역시 스탈린그라드를 같은 이유로 빼앗겨서는 안 될 중요한 지역으로 판단했다. 그러나 이 전투는 차츰 독일과 소련의 두 지도자의 자존심 싸움으로 변질되었다. 스탈린그라드의 지명이 스탈린의 이름을 따서 지어졌기 때문이었다. 히틀러는 스탈린그라드를 점령해야만 소련을 이긴 것이라고 생각했고, 스탈린 역시 절대로 스탈린그라드만큼은 빼앗길 수 없다고 선언했다.

전투 초기에는 독일군이 스탈린그라드를 거의 점령했다. 그러나 시간이 갈수록 소련군은 독일군을 사방에서 포위했고 전투는 더욱 격렬해졌다. 독일군이 고립되면 공중에서 보급품을 지원하겠다던 공군원수 헤르만 괴링의 계획은 실현되지 않았다. 탄약과 식량이 고갈되어가던 독일의 파울루스^{Friedrich Paulus} 장군은 히틀러에게 철수를 요청한다. 그러나 히틀러는 파울루스를 원수로 진급시키고 결사항전을 명령했다. 독일 역사상 원수가 적에게 항복한 전례가 없었기에 끝까지 싸우다 죽던지 자결하라는 말이었다. 소련군의 피해는 더 심했다. 소련군에 동원된 병사들은 총과 식량도 제대로 보급받지 못한 채 전투에 투입되었다. 소련군 중에는 10대 소년들도 많았다. 전투에 투입된 소련군은 평균 생존시간이 24시간에 불과했고, 7초에 1명꼴로 사망했다. 스탈린은 소련군을 지휘하던 추이코프^{Vasily Chuikov} 장군에게 전장에서 후퇴하거나 도망치는 병

---

[3] 러시아 남부 카스피해와 흑해 사이의 지역.

사가 있다면 즉결처분하라는 명령을 내렸다. 사력을 다한 양측의 총력전 끝에 독일군은 소련군의 총알에, 그리고 기아와 추위로 쓰러져갔다. 결국 독일의 파울루스 장군은 남은 병사들을 살리기 위해 히틀러의 명령을 어기고 소련에 항복했다.

스탈린그라드 전투로 희생된 사상자는 독일군이 85만 명, 소련군이 110만 명에 달했다. 엄청난 인명과 전력의 손실을 입고 패배한 독일은 이로 인해 전세가 역전되어 내리막길을 걷게 되었다.

전쟁에서 최후의 결정권을 가진 리더는 공격해야 할 시점과 후퇴해야 할 시점을 결정해야 하는 막중한 책임을 지고 있다. 처칠은 전쟁의 기본 원칙을 잊지 않았다. 아군 희생의 최소화와 지휘관의 중요성이 바로 그것이다. 반면, 히틀러는 독일 병사들을 전쟁에서 자신이 이루고자 하는 목표를 위한 수단으로만 여겼다. 제2차 세계대전 기간 중 히틀러는 능력과는 상관없이 자신의 명령을 제대로 따르지 않는다는 이유만으로 장군과 원수급의 고위 지휘관 35명을 해임했다. 전쟁 막바지에 발생한 히틀러의 암살 실패로 7,000여 명의 장교와 그 가족들이 처형을 당했다. 독일의 북아프리카 전쟁영웅 에르빈 롬멜도 이때 동조자로 누명을 쓰고 자살을 강요받아 청산가리를 삼켜야 했다.

2. 실패한 리더들

처칠이 가장 관심을 많이 가졌던 분야는 역사였다. 처칠은 에드워드 기번의 『로마제국 쇠망사』를 시작으로 『영국사』, 『펠로폰네소스 전쟁사』 등 역사와 관련된 수많은 책들을 반복해서 읽었다. 『로마제국 쇠망사』는 총 6권으로 되어 있는데, 권당 평균 600페이지에 이르는 방대한 분량의 저술이다. 처칠은 30대에 이미 역사학자 이상의 해박한 지식을 갖게 된다. 처칠은 "줄리어스 시저가 도버 해협을 건너 잉글랜드에 상륙했을 때 대영제국의 역사는 시작되었다"라고 말했을 정도로 나름의 역사관도 가지고 있었다.

제2차 세계대전이 발발하고 독일의 영국 본토에 대한 침공 계획이 구체화되자 처칠은 각료들에게 회의실로 모일 것을 지시했다. 각료들은 독일의 침공 계획과 영국의 대비태세에 대해 회의를 할 것으로 예상하고 각자 자신의 분야에 대한 대비책을 준비하고 회의실에 들어갔다. 그러나 처칠은 회의실에 모인 각료들에게 1759년 프랑스가 영국 해협을 건너 영국을 침공했던 사건에 대해 토의하자고 했다. 과거에 벌어진 일들에서 대비책을 찾고자 한 처칠만의 독특한 해법이었다. 실제로 독일은 프랑스가 영국을 침공할 당시 프랑스 전함들이 집결했던 르아브르

LeHavre, 칼레Calais 등지에 상륙함을 준비시켰다. 처칠은 힘든 순간마다 역사적 사건들에서 해답을 찾았다. 그리고 그러한 역사적 사실들을 반면교사反面教師로 삼고자 했다.

우리도 임기가 끝나면 밝혀지는 정치인들의 부정과 부패의 모습을 되풀이해서 보지 않기 위해서는 역사가 주는 교훈을 배워야 한다. 우리나라와 중국의 역사만 돌아보아도 리더들이 가야 할 방향을 쉽게 알 수 있다. 여기서 두 나라의 리더들 중에서 실패한 리더들을 잠시 살펴보고 그로부터 교훈을 얻는 것도 의미가 있을 것이다.

● 신하를 믿지 못한 황제, 제국의 문을 닫다 – 명나라 숭정제

숭정제崇禎帝는 맏형인 천계제天啓帝가 후사 없이 일찍 죽자 명나라의 16대 황제로 등극한다. 천계제는 아버지 태창제泰昌帝가 즉위한 지 29일 만에 요절하자 15세에 황제가 되었다. 천계제는 교육을 제대로 받지 못해 글을 모르는 까막눈이었다. 정치에 관심이 없었던 천계제는 환관이었던 위충현魏忠賢에게 모든 정사를 맡겼다. 유일하게 좋아하는 것은 나무로 조각을 하는 목공예였다. 천계제는 늘 공방에 틀어박혀 목공일에만 종일 시간을 보냈다. 환관 위충현에게 모든 권력이 집중되었고 위충현은 매관매직을 통해 자신의 부를 축적했다. 돈으로 관직을 산 관리들은 백성들을 착취해 뇌물에 투자한 돈을 메웠다. 위충현은 자신을 중심으로 엄당閹黨이라는 당파를 만들었다. 엄당파의 관료들은 요직을 독점했다. 국가의 기강은 무너졌고 사회 질서는 혼란에 빠졌다. 천계제는 죽음이

임박하자 아끼던 동생이었던 다섯째 숭정제에게 황위를 넘긴다는 유언을 남겼다.

17세에 등극한 숭정제는 나라의 기강을 바로 세우기 위해서 간신인 위충현부터 제거해야겠다고 결심한다. 위충현을 제거하기 위해서는 엄당의 무리들도 함께 척결해야 했다. 숭정제 역시 어린 나이에 황제가 되었기에 힘을 비축할 시간이 필요했다. 숭정제는 위충현이 자신의 세상이 계속되고 있다고 방심하게 만들기 위해서 등극 초기에는 그에게 모든 정사를 맡겼다. 숭정제는 엄당 내에서 위충현에게 불만이 있는 신하에게 위충현의 부정부패를 고하는 상소를 올리라는 밀명을 내린다. 엄당 안에서 상소가 시작되자 엄당의 반대파였던 동림당東林黨 신하들의 상소는 연이어 줄을 이었다.

신하들의 상소가 연일 계속되자, 숭정제는 위충현을 조용히 불렀다. 숭정제는 위충현에게 선대 황제를 보필한 공도 있으니 고향으로 돌아가 편히 살라는 명을 내린다. 위충현은 이것이 숭정제의 계산된 수순이었다는 것을 알아채지 못했다. 위충현은 귀향길에 자신의 모든 재산을 수레에 실어 갔다. 위충현의 재물을 실은 마차는 수천의 군사들이 호위했다. 누가 봐도 황제의 행차로 보였다. 숭정제는 고향으로 돌아가던 위충현에게 부정한 재산 축적의 죄를 물어 자결을 명했다.

숭정제는 위충현을 시작으로 부정부패를 일삼던 간신배를 몰아내며 개혁을 시도했다. 그러나 숭정제에게는 치명적인 문제가 있었다. 숭정제는 신하들을 믿지 않았고 정사를 논의할 가신도 두지 않았다. 숭정제의 아버지 태창제가 신하에 의해 독살되었을 거라는 소문 때문이었다.

숭정제는 재상급 관료 7명을 비롯해 고위 관료도 11명을 처형했다. 황제의 의심을 받아 관직에서 쫓겨난 신하는 수십 명에 달했다. 그중 충신이자 불패의 명장이었던 원숭환袁崇煥을 역모로 의심해 처형한 일은 명나라 멸망의 가장 큰 요인으로 기록된다.

숭정제가 즉위하던 시기의 명나라는 안팎으로 큰 어려움을 겪고 있었다. 할아버지 만력제萬曆帝 때부터 이어진 수도와 지방 관리들의 부정부패와 착취는 사회를 병들게 했다. 천재지변으로 흉년이 계속 되었지만, 세금은 날로 증가했다. 극에 달한 일반 백성들의 불만은 '이자성李自成의 난'으로 이어졌다. 난을 진압한다는 명분으로 부과되는 세금은 더욱 증가했고, 농민들은 세금을 피하고자 반란군에 가담하는 악순환이 반복되었다.

만주 지방에서는 여진족의 후손인 누루하치努爾哈赤가 후금을 건국하고 명나라의 국경을 위협했다. 변방을 지키던 명나라 군사들은 후금의 상대가 되지 않았다. 만주를 지키는 군대의 화포와 병사들에게 쓰여야 할 국방비는 대부분 위충현과 엄당 무리들의 주머니로 흘러들어갔다. 그나마 보내진 국방비도 현지 장군들이 착복했다. 만주를 지키던 명나라 군사들의 사기는 땅에 떨어졌고 후금과의 전투는 패배가 당연했다.

이러한 사태를 안타깝게 바라본 원숭환이 나섰다. 본래 문신이었던 원숭환은 자청해서 후금과 대치하고 있던 만주 지역의 산하이관山海關으로 부임했다. 원숭환은 무기와 군대를 정비했다. 만리장성의 끝자락에 위치한 군사 요충지인 산하이관 앞에 영원성寧遠城을 축조했다. 영원성에는 네덜란드에서 도입한 최신 화포인 '홍이포紅夷砲'를 배치했다. 조선의 광해군 때부터 가도라는 섬에 숨어 갖은 행패를 부리고 군자금을 착복하던 모문룡毛文龍을 처단했다. 모문룡은 반정으로 왕에 오른 인조에게서도 명나라에 잘 보이게 해주겠다는 거짓 명분을 내세워 뇌물을 받고 있었다. 원숭환은 영원성에서 벌어진 전투에서 홍이포를 앞세워 후금을 상대로 대승을 이끈다. 명나라가 후금을 상대로 거둔 최초의 승리였다. 후금의 1대 칸, 누루하치는 영원성 전투에서 입은 부상과 패배의 충격으로 사망에 이른다.

후금의 2대 칸에 오른 홍타이지皇太極는 국호를 후금에서 청으로 바꾼다. 아버지의 원수를 갚고자 영원성에서 원숭환과 싸웠지만 역시 패배하고 만다. 홍타이지는 원숭환이 지키는 산하이관 지역은 승리가 어렵다고 판단하여 10만 대군을 이끌고 명나라의 수도인 베이징北京으로 바로 쳐들어간다. 원숭환은 급히 군사를 이끌고 수도로 돌아왔고 이번에도 대승을 거둔다. 원숭한은 홍타이지의 청나라군을 국경 밖으로 몰아냈다.

홍타이지는 첩자를 통해 명나라의 엄당과 반대파인 동림당의 싸움을 잘 알고 있었다. 홍타이지는 포로로 잡혀왔던 환관들의 옆방에서 원숭환이 청과 내통하고 있다고 부하들과 밀담을 나눈다. 환관들은 홍타이지가 자신들이 엿듣고 있다는 사실을 모를 것이라고 생각했다. 홍타이지는 명나라와 평화를 원한다며 환관들을 풀어주었다. 베이징으로 돌아온 환관들은 엄당의 신하들에게 홍타이지에게서 들은 대로 알렸다. 평소 원숭환을 눈엣가시처럼 여기던 엄당의 무리들은 숭정제에게 환관들의 말을 고해바쳤다. 엄당파에게 뇌물을 바치던 모문룡을 처형했기 때문이었다. 신하를 믿지 않던 숭정제는 아무런 확인 절차도 거치지 않고 원숭환을 처형했다. 죽을 때까지 살을 도려내는 극형이었다.

이 사건 이후 원숭환을 믿고 따르던 충신들마저 숭정제에게서 등을 돌렸다. 원숭환의 부장들은 홍이포를 들고 청에 투항했다. 모문룡의 부하 장수들은 해군이 없던 청나라에 명나라의 최신 군함을 이끌고 투항했다. 수도와 국경을 지킬 군사들과 장수는 없었다. 이자성이 이끄는 반란군은 베이징을 점령하고 황궁으로 향했다. 황궁에 남아 있던 신하는 환관 한 명뿐이었다. 숭정제는 마지막을 준비했다. 황태자들은 황궁 밖으로 피신시키고 황후와 공주들은 살해했다. 자신은 황궁 밖으로 도망쳐 산에서 나무에 목을 매어 생을 마감했다. 숭정제는 죽기 전까지 신하들을 원망했다. 청나라는 명나라의 군사 50만과 함께 투항한 오삼계鳴三桂 장군을 앞세워 반란군을 손쉽게 제압했다. 베이징은 숭정제 사망 3개월 후 청나라의 수도가 되었다.

삼성의 고故 이병철 회장은 이렇게 말했다.

"의심스러우면 쓰지 말되, 일단 썼으면 믿어라."

이 말과 반대로 했을 때 조직에 문제가 생기거나 유능한 인재가 떠나는 경우가 많다. 관료 사회의 기강을 위해 직원을 감찰하는 부서는 필요하다. 명나라에는 황제 직속의 금의위錦衣衛가 있었다. 조선에서는 사헌부司憲府가 그 역할을 담당했다. 금의위나 사헌부의 비위 여부도 타 기관에서 감찰했다. 숭정제는 신하를 관리·감독하는 기관이 있었음에도 자신의 모든 신하를 믿지 못해서 망국의 군주가 되었다. 황제나 국왕은 마지막으로 결정을 내리는 자리다. 국가원수나 기업의 대표도 같은 위치에 있다. 최종 결정권자가 개인의 감정이나 느낌만으로, 혹은 자신에 대한 충성도만으로 결정을 내리면 그 국가와 조직은 오래갈 수 없음이 역사를 통해 증명되고 있다. 올바른 리더가 되기 위해서는 사람을 가려낼 수 있는 능력을 키워야 하고 일을 맡겼을 때는 믿고 지켜봐주는 여유도 필요하다.

● 환관에게 휘둘린 허망한 통일제국 – 진나라 호해

만 세대까지 이어질 거라던 진나라는 중국을 통일하고 15년 만에 멸망했다. 전국시대 쟁쟁했던 여섯 나라를 차례로 정복한 진나라는 왜 15년도 버티지 못하고 문을 닫고 말았을까? 대부분의 사람들은 진시황秦始皇의 폭정으로 진나라가 망했다고 생각한다. 분서갱유焚書坑儒(책을 불태우고 유학자를 땅에 파묻어 죽임)로 인해 진시황은 폭군의 대명사로 알려져왔다.

그러나 진시황이 역사적으로 재조명되면서 진시황이 사실은 알려진 것처럼 폭군이 아니라 중국의 진정한 통일 군주였음이 밝혀졌다. 그는 나라마다 다르던 화폐를 통일하고 측정의 기준이 되는 도량형도 통일했다. 나라마다 다르던 문자도 하나로 통합했다. 중국 대륙을 연결하는 도로를 정비했으며, 흉노족의 침입을 막기 위해 만리장성을 쌓았다. 진시황은 통일 이후 다섯 번이나 전국을 순행했다. 진나라에 흡수된 나라들의 백성을 살피기 위해서였다. 교통 수단이 말과 마차가 전부였던 기원전 시대에 중국 대륙 순행이 얼마나 힘든 여정이었을지는 상상이 가고도 남는다. 진시황은 통일 이후 수도 함양咸陽보다 지방에서 더 많은 시간을 보냈다. 전국 순행으로 심신이 지친 진시황은 결국 수도에서 멀리 떨어진 사구 지방을 지나던 중 마차 위에서 생을 마감한다. 죽음이 임박했음을 느낀 진시황은 "큰 아들인 부소扶蘇에게 황제를 잇게 하고 충신이었던 몽염蒙恬 장군에게 부소를 보좌하게 하라"는 유서를 환관인 조고趙高에게 남긴다. 조고는 진시황을 가장 가까이서 보좌했던 환관이었다.

유서를 받아든 조고는 딴마음이 생겼다. 합리적이고 똑똑했던 부소에게 황권이 넘어가면 자신의 권력이 약해질 것이라고 우려했던 것이다. 진시황이 사망할 당시 순행에는 막내아들 호해胡亥와 최고위 재상이었던 승상 이사李斯가 동행하고 있었다. 조고는 주색을 좋아하고 정치에는 관심이 없던 호해에게 황위를 넘기면 자신이 진나라를 쥐락펴락할 수 있을 것이라고 생각했다. 조고는 먼저 호해에게 황위를 받으라고 얘기한다. 열여덟 번째 아들인 자신이 황위를 잇는 데 부담을 느낀 호해는 처음에는 거절했다. 그러나 조고는 중국 역사에서 대의를 위해 아들이 아버지를 죽이거나 동생이 형을 죽이고 왕이 된 경우가 많다며 설득했다. 그리고 형 부소가 황제가 되면 황권 강화를 위해 동생들을 죽일 것이라고 위협했다. 이것은 모두 어리석은 호해를 설득하기 위해 조고가 꾸며낸 이야기였다. 호해는 마침내 황위를 받기로 했다.

그 다음은 이사 차례였다. 이사는 진나라가 통일 제국을 이루는 데 있어 최측근에서 진시황을 도운 명재상이었다. 조고는 이사에게 어리석은 호해를 황제로 만들고 전국을 반으로 나누어 함께 통치하자고 제안했다. 충신이었던 이사 역시 권력욕 앞에 무너졌다.

전국을 순행하던 진시황은 멸망한 나라의 잔당들에게 여러 번 암살 위협을 받았다. 그래서 똑같은 마차 5대를 준비해서 함께 순행하던 호위 군사들마저도 진시황이 어느 마차에 타고 있는지 알 수 없게 했다. 미국 역시 케네디 대통령 암살 이후 똑같은 방법으로 방탄차들이 도로를 달린다. 진시황의 죽음은 조고와 호해, 이사만이 알고 있었다. 조고는 정적이 된 부소와 몽염을 제거하기 위해 진시황의 유서를 불태우고 가짜 유서를 만들었다. 부소와 몽염은 갖은 부패로 만고의 역적이므로 자결을 명하고 호해에게 황위를 넘긴다는 내용이었다. 부소와 몽염은 진나라의 변방을 지키기 위해 국경 지역에 나가 있었다. 조고는 이해가 가지 않는 유서에 반론을 제기할 여론을 의식하여 황제의 직인까지 찍는 치밀함도 보였다.

수도 함양으로 돌아온 조고와 호해 일행은 진시황의 죽음을 알리고 가짜 유서를 공개했다. 호해는 2세 황제로 등극했다. 부소는 선 황제의 명에 따라 자결을 해야 했다. 몽염을 비롯한 진시황의 충성스러운 장군들이 자결하거나 처형되었다. 호해는 정당하지 못한 방법으로 황위를 이은 것이 불안했다. 호해는 황위를 위협할 수도 있는 자신의 형제와 누이 20여 명을 갖가지 죄목으로 숙청했다. 호해는 아버지 진시황처럼 권위 있고 강한 군주로 보이고 싶었다. 진시황 때 시작된 토목공사에 더 많은 백성을 동원했다. 만리장성을 계속 쌓게 하고 70만 명을 동원해 진시황릉을 조성했다. 황실의 궁궐인 아방궁을 더욱 화려하고 웅대하게 축조했다. 승상 이사는 호해에게 백성의 부담을 줄여달라고 직언했지만, 호해는 이를 황위에 대한 도전으로 받아들였다. 조고는 자신의 권력에 방해가 될 이사를 제거할 계획을 세운다. 마침 진승陳勝과 오광吳廣이 주도한 백성들의 반란이 일어났다. 조고는 이사가 반란군과 내통한다는 누명을 씌웠고, 이사와 그의 가족 모두는 처형되었다. 진나라의 모든 정치는 환관인 조고에 의해 결정되었고, 2세 황제 호해는 향락에 빠져들었다. 진나라의 가혹한 형벌제도와 계속된 토목공사로 백성들의 원성은 하늘을 찔렀다. 진승과 오광의 난으로 시작된 반란은 전국으로 확대되어 수도인 함양이 위협을 받게 되었다. 호해는 조고의 계략으로 자결했고, 조고는 다음 황제 자영子嬰에 의해 처형되었다. 진나라는 지방에서 반란을 일으킨 유방劉邦과 항우項羽에 의해 멸망되었다.

리더가 조직을 이끌어가기 위해서는 여러 가지 조건이 필요하다. 특히 혼란한 시기일수록 리더의 중요성은 더욱 부각된다. 필요할 경우 강력하게 밀어부치는 카리스마가 필요하고 직언을 받아들이는 포용력도 있어야 한다. 호해는 카리스마도 포용력도 없었다. 대체로 국가는 나쁜 군주가 아니라 어리석은 군주가 다스릴 때 멸망한다.

● 초심을 잃은 군주의 결말 – 고려 공민왕

공민왕恭愍王은 고려 말 충숙왕忠肅王의 둘째 아들로 태어났다. 중국은 칭기즈칸Chingiz Khan의 손자인 쿠빌라이 칸Khubilai khan이 세운 원나라가 지배하고 있었다. 공민왕은 11살 때 원나라의 수도인 연경燕京에 볼모로 갔다. 고려의 왕세자들은 원나라의 공주와 결혼했고 왕위 계승 가능성이 있는 왕자들은 관례에 따라 연경에서 볼모 생활을 해야 했다. 고려를 원나라의 부마국, 즉 사위의 나라로 만들어 지배하는 방식이었다.

공민왕이 볼모로 있을 당시 원나라의 최고 실세는 기황후奇皇后였다.

기황후는 고려의 공녀 출신으로 원 황제인 혜제惠帝의 눈에 들어 2대 황후가 되었다. 기황후가 낳은 아들은 혜제를 이어 황제가 된다. 고려에서는 기황후의 오빠인 기철奇轍이 왕을 능가하는 무소불위의 권력을 행사했다. 고려의 왕들은 원나라의 고위 관료나 기황후, 기철에 의해 왕위에 오르거나 폐위되었다. 말 그대로 허수아비 왕이었다. 고려의 조정은 기철을 중심으로 한 부원 세력이 장악하고 있었다. 원나라의 황후가 고려 출신이라는 것이 고려에게는 득보다는 고통이었다. 기황후에게 고려는 모국이 아니라 자신이 마음대로 다스릴 수 있는 원나라의 변방 지역 중 하나였다.

볼모로 잡혀온 공민왕은 원나라와 고려의 관계, 기황후와 기철의 횡포를 지켜볼 수밖에 없었다. 자신이 고려로 돌아가 이러한 잘못된 관계를 바로잡기 위해서는 왕이 되어야 했다. 공민왕은 기황후와 원나라의 고위 인사들을 만날 때면 극진하게 예우했다. 공민왕은 연경에서 원나라의 공주 출신인 노국공주魯國公主와 결혼했다. 원나라는 고려의 충정왕을 폐하고 공민왕을 고려의 31대 왕으로 추대했다. 공민왕이 평소 원나라에 보인 충성과 노국공주의 배경이 왕에 오르는 데 주효했다.

고려의 왕으로 금의환향한 공민왕은 고려의 개혁에 박차를 가한다. 원나라가 쇠퇴하고 있다는 것을 간파한 공민왕은 지금이 개혁을 시도할 적기라고 판단했다. 공민왕은 고려에서 유행하던 원나라의 제도와 풍습을 금지했다. 머리의 반 이상을 깎아내는 변발을 금지하고 몽고풍의 의복 또한 금지시켰다. 노국공주는 원나라 출신이었지만 남편인 공민왕 편에 서서 고려의 개혁을 적극적으로 지지했다. 부원 세력의 핵심이었던 기철과 그 일당을 제거했다. 고려의 조정을 실질적으로 지배했던 정방행성을 폐지했다. 정방행성은 원과 고려가 일본 정벌을 위해 만든 임시 기구였다. 그러나 일본 정벌 실패 이후에도 원의 관리가 남아 고려의 내정을 간섭하고 있었다. 공민왕은 함경도 지방을 점거하고 있던 쌍성총관부를 공격해 고려의 옛 영토를 수복했다.

고려의 조정은 부원 세력과 함께 고려 초부터 대대로 이어진 권문세족이 지배하고 있었다. 공민왕은 신돈辛旽을 왕 다음 가는 최고위직에 앉히고 권문세족에 대한 개혁을 단행했다. 신돈은 절의 노비 출신으로 공민왕의 스승이었다. 신돈은 '전민변정도감'을 설치해 권문세족이 불법으로 차지하고 있던 토지와 노비를 원래 상태로 복원하는 작업을 했다. 공민왕은 성균관을 확대하고 과거제도를 정비해 유학이 기본 이념인 신진사대부를 후원했다. 권문세족을 견제할 세력으로 양성하기 위함이었다. 공민왕과 신돈은 개혁 초기에는 백성들로부터 열렬한 지지를 받았다. 그러나 노국공주의 죽음으로 공민왕의 개혁은 뿌리째 흔들리게 된다. 노국공주는 공민왕의 사랑하는 아내임과 동시에 개혁의 동지였다. 홍왕사에서 공민왕이 살해될 뻔한 위기 상황에서 노국공주는 홀로 폭도들을 막아내 공민왕을 지켜내기도 했다. 공민왕은 자신의 분신이자 동반자였던 노국공주가 아기를 낳다가 숨을 거두자 깊은 상심에 빠진다. 노국공주의 그림을 앞에 놓고 밥을 먹었고 노국공주의 무덤에서 잠이 들기도 했다. 모든 정사를 신돈에게 맡긴 공민왕은 노국공주를 위한 영전 건립에 막대한 재정과 인력을 투입했다.

고려의 최고 실력자가 된 신돈은 차츰 권력욕에 취했다. 권문세족은 물론 고려의 충신이었던 최영崔瑩마저도 경주 현감으로 좌천시키기도 했다. 공민왕은 중신들의 신돈에 대한 고변을 무시했다. 그러나 신돈이 노국공주 영전 건립을 자제시키려고 하자, 공민왕은 분노했다. 신돈은 역모의 주동자로 몰렸고 처형되었다.

친정을 선포한 공민왕이었지만 이미 예전의 개혁군주 공민왕이 아니었다. 노국공주에 대한 상심에서 헤어나지 못했고 정치에는 관심이 없었다. 은둔생활을 하며 신하와의 면담도 거절했던 아버지 충숙왕, 환락에 빠져 정사를 돌보지 않았던 형 충혜왕忠惠王의 시절로 돌아가버렸다. 친정 선포 3년 뒤, 공민왕은 고위 관리의 자식으로 구성된 '자제위子弟衛'의 홍륜洪倫에 의해 살해되어 생을 마감한다. 고려는 공민왕의 죽음으로 이인임李仁任을 비롯한 권문세족과 이색李穡을 중심으로 한 신진사대부, 이성계李成桂를 내세운 신흥무인 세력이 권력을 차지하려는 혼돈의 시기로 접어든다. 고려는 공민왕 사후 20년도 안 되어 폐망한다.

리더에게는 언제나 시련의 시기가 닥쳐온다. 처칠은 사랑하던 막내딸을 병으로 잃었다. 처칠이 지휘한 다르다넬스 해전에서는 25만 명의 연합군이 죽거나 다쳤다. 1930년대 모든 공직에서 물러나 있을 때는 우울증에 시달렸다. 주식에 투자했던 돈은 대공황 때 모두 날렸다. 하지만 처칠은 시련을 이겨냈고 영국의 총리가 되어 제2차 세계대전을 승리로 이끌었다. 리더는 개인의 삶이 공적인 일에 영향을 주게 해서는 안 된다. 공민왕은 자신의 감정을 다스리지 못해 집권 초반에 추진했던 개혁을 스스로 물거품이 되게 했다. 공민왕은 초심을 지키지 못해 고려가 패망의 길로 가는 것을 막지 못했다.

3. 리더십의 완성

● 리더의 결정, 미래를 바꾼다

1900년 처칠은 부친 랜돌프 처칠 경이 몸담았던 보수당으로 출마해 맨체스터 근교의 올덤Oldham에서 당선되었다. 그러나 하원 의원에 당선된 후 4년도 채 안 되어 보수당과 결별하고 자유당으로 당적을 옮겼다. 우리나라에서는 국회의원들이 소속 정당을 바꾸거나 탈당하여 새로 당을 만드는 것은 대부분 한 가지 이유, 즉 '이곳에서는 어느 당으로 선거에 나가야 당선에 유리한가?' 때문이다.

그러나 처칠이 정당을 바꾼 이유는 당선이 목적이 아니었다. 자신이 늘 연설에서 강조했던 자유무역주의를 지키기 위해서였다. 처칠은 영국 의원들이 가장 멸시하는 표현인 '철새 정치인'이라는 소리를 들어가면서 자신의 소신을 지켰다. 자국의 이익만을 생각하는 보호무역주의는 결국에는 고립을 자초하여 더욱 어려운 지경에 이를 것이라는 확신이 있었기 때문이었다. 그 확신의 배경은 과거 역사 속의 유럽 국가 간의 보호무역 전쟁의 결과였다.

무역협정의 시초는 1860년에 영국과 프랑스가 맺은 '코브던-슈발리에 협정Cobden-Chevalier Treaty(영불통상조약)'이다. 조약의 핵심 내용은 수입품에 대한 관세를 낮추는 것이었다. 이 조약 덕분에 영국과 프랑스는 각각 공산품과 와인을 상대국에 2배 이상 수출할 수 있었다. 그러나 코브던-슈발리에 협정은 1892년에 파국을 맞는다. 프랑스와 이탈리아 사이에 벌어진 무역전쟁의 영향으로 프랑스가 영국에 대해서도 관세를 올리는 보호무역주의로 돌아섰기 때문이었다. 1871년 통일을 이룬 이탈리아는 자국의 산업을 키우기 위해 보호무역에 나섰다. 이탈리아가 프랑스와 맺은 무역협정을 1886년에 파기하면서 프랑스 경쟁업계 수입품에 60%의 관세를 물리자 프랑스가 맞불을 놓으며 보복의 악순환이 일어났다. 프랑스와 이탈리아의 무역전쟁으로 두 나라의 교역은 급감했다. 비슷한 시기에 미국과 캐나다도 무역전쟁을 벌여 두 나라의 상대국에 대한 수출은 이전 대비 50%까지 떨어졌다.

처칠은 자국의 산업만을 지키려는 보호무역의 결과를 역사를 통해 배웠고, 자유무역주의는 자신의 소신이 되었다. 자신의 신념을 위해 20대의 초선 의원은 과감하게 보수당에서 자유당으로 당적을 옮겼다. 처칠의 소신이 옳았음은 10여 년 뒤에 벌어진 '대공황' 때 확인되었다.

1920년대는 미국의 경제가 초고속으로 성장하던 시기였다. 주가는 연일 하늘 높은 줄 모르고 올라갔고, 미국 경제의 자산 가치는 2배로 늘어났다. 그러다가 1929년 여름 경기가 위축되기 시작하더니 10월 뉴욕 증시는 폭락하기 시작했다. '검은 목요일'이라는 단어도 그때 생겨났다. 경제학자들은 대공황이 심화된 이유가 미국의 허버트 후버^{Herbert Hoover} 행정부가 1930년에 제정한 '스무트-홀리 관세법^{Smoot-Hawley Tariff Act}' 때문이었다는 데에 의견을 같이하고 있다. 미국의 후버 행정부가 '스무트-홀리 관세법'을 제정한 이유는 미국 농산물을 보호하기 위해서였다. 그러나 기타 산업 지역의 의원들의 요구로 관세품목이 2만여 개로 늘어났다. 관세율은 거의 60%까지 올라갔고, 미국의 교역상대국들도 보복관세를 물리면서 미국의 무역 규모는 66% 줄었다. 대공황은 전 세계로 번져나갔고, 전 세계 GDP(국내총생산)은 15% 감소했다. 2008년 미국에서 촉발된 금융위기 때 전 세계 GDP가 1% 감소한 것과 비교하면 대공황 때의 세계의 경제 붕괴는 어느 정도였는지 추정할 수 있다.

대공황은 제1차 세계대전에 대한 전쟁배상금으로 허덕이던 독일 경제를 더욱 침체에 빠뜨렸다. 경제난에 힘들어하던 독일 국민들은 독일 우선주의를 내세운 극우파시스트[4] 정당인 나치당에 표를 몰아주었다. 나치당의 총통이 된 히틀러는 제2차 세계대전을 일으켰다.

미국의 제45대 대통령으로 선출된 도널드 트럼프Donald Trump의 선거 공약은 '미국 우선주의'였다. 불법 체류 중인 이민자들에게 빼앗긴 일자리를 미국 백인들에게 돌려주겠다는 약속이었다. 트럼프 대통령은 미국의 산업을 보호한다는 명분으로 관세를 올리는 보호무역주의를 선언했고 실행에 옮기는 중이다. 보호무역의 결과가 어땠는지를 잘 알고 있는 미국의 정치계·경제계 인사들은 트럼프 대통령의 일방적인 보호무역 정책에 동의할 수 없다고 선언했다. 트럼프의 측근 중에서도 보호무역정책에 반대하는 경제 보좌관들이 연이어 사임했다. 사람들은 트럼프 대통령이 사업가 기질을 발휘해 과거의 전례를 답습하지 않기만을 바

---

4 극우파시스트: 1919년 이탈리아의 무솔리니가 처음으로 주창한 국수주의 운동으로 자국의 이익만을 우선시했다.

라고 있다.

리더의 판단과 결정은 그의 지위와 영향력에 비례해서 중요도가 올라간다. 우리는 그것을 '권력'이라고 부른다. 처칠은 이렇게 말했다.

"권력이란 그것을 값지게 쓰려고 하고 쓸 능력이 있는 사람이 추구한다면 인간의 직업 중에서 가장 고귀한 것이다."

처칠은 장관이 되었을 때, 그리고 수상이 되었을 때 권력을 올바르게 사용하려고 노력했다. 영국을 위해, 나아가 전 세계를 위해 처칠은 자신의 권력을 이상적으로 발휘했다.

● '함께'가 리더십을 완성한다

2016년 영국은 국민투표를 통해 유럽연합EU, European Union의 탈퇴를 결정했다. 일명 브렉시트Brexit[5]라고 불린 이 투표에서 찬성은 51.9%, 반대는 48.1% 였다. 3.8%의 근소한 표차로 탈퇴가 결정되었다. 영국의 유럽연합 탈퇴를 강력하게 주장한 사람은 보리스 존슨Boris Johnson 전 런던 시장이었다. 존슨은 영국의 높은 실업률과 경제적 어려움은 유럽연합 국가 간에 체결된 유럽인들의 자유로운 왕래와 유럽연합에 내야 하는 분담금이 너무 많기 때문이라고 주장했다. 그는 "첫째, 유럽연합 국가들

---

5 브렉시트: 영국(Britain)과 탈퇴(Exit)의 합성어로, 영국의 유럽연합(EU) 탈퇴를 뜻하는 말이다.

에서 건너온 이민자들과 난민들이 값싼 임금을 무기로 영국인들의 일자리를 빼앗고 있다. 둘째, 가난한 유럽연합 국가들의 재정난을 해결해주기 위해 영국은 너무 많은 분담금을 내고 있으므로 유럽연합 탈퇴를 통해 그 분담금이 영국에 재투자된다면 영국의 경제는 좋아질 것이다" 라고 했다.

여기서 우리가 생각해야 할 점이 있다. 국가의 경제성장율은 단순한 몇 가지 사실만으로 설명하기 어렵다. 경제학자들조차도 의견의 일치를 보기가 어려운 게 사실이다. 하지만 존슨의 일관되고 반복된 연설은 영국 사람들에게 영국의 문제점을 정확하게 찾아낸 것이라고 믿게 만들었다. 특히 유럽에서 자유롭게 건너온 무슬림이 런던에서 벌인 지하철 테러와 버스 테러는 겉으로는 의연한 것처럼 행동하는 중·장년층의 속마음을 파고들었다. 영국의 유럽연합 탈퇴가 결정되자 캐머런David Cameron 총리는 브렉시트의 책임을 지고 총리직을 사퇴했다. 여론은 국민의 38% 지지를 받고 있던 보리스 존슨이 당연히 차기 총리가 될 것으로 내다봤다. 그러나 막상 유럽연합 탈퇴가 결정되고 자신이 총리 후보로 거론되자, 존슨은 불출마를 선언했다. 기자와의 인터뷰에서 자신은 총리감이 아니며 차기 정부가 브렉시트를 제대로 이행하도록 최대한 지원하겠다는 게 이유였다.

하지만 사실을 달랐다. 존슨은 비공식 인터뷰에서 자신은 브렉시트가 정말로 현실이 될 줄 몰랐다고 했다. 자신도 브렉시트가 불가능할 것이라고 생각했다. 그런데 브렉시트를 주장하자 여론이 관심을 보이기 시작했고, 이런 여론의 관심을 이용해 자신의 정치적 위상을 높이려고 했을 뿐이었다. 브렉시트가 결정되고 자신이 총리가 될 수도 있는 상황이 되자, 존슨은 머리가 복잡해졌다. 브렉시트 이후 불어닥칠 거센 후폭풍 때문이었다. 영국의 자존심 파운드화는 폭락했고 주가 역시 연일 폭락했다. 영국의 경제 상황이 불안정해지자, 대형 은행들은 런던을 떠나기로 결정했거나 이전을 심각하게 고민했다. 브렉시트에 대한 영국인들의 비난 여론은 모두 존슨을 향했다. 브렉시트 이후에도 영국의 경제가 나아지지 않으면 모든 책임을 자기가 져야 한다는 사실이 두려웠던 존슨은 총리 출마를 포기했다.

처칠이 살아 돌아와 존슨의 연설을 듣는다면 뭐라고 했을까? 처칠은 유려한 연설을 통해 단호하게 브렉시트를 반대했을 것이다. 그리고 영국인들은 처칠의 연설에 따라 유럽연합 잔류에 표를 던졌을지도 모른다. 왜냐하면 유럽연합의 필요성을 제일 먼저 제안한 사람이 처칠이기 때문이다. 처칠은 제2차 세계대전이 끝나고 야인으로 돌아갔다. 그는 여러 곳에서 연설을 요청받았다. 그는 스위스 취리히Zürich에서 유럽에 대한 첫 번째 연설을 했다. 제2차 세계대전에서 패망해 다시 전범국가가 된 독일에 대한 연설이었다. 처칠은 전후 처리 문제를 논의하고 있던 서유럽 국가들에게 자신의 구상을 밝혔다.

우리는 두 번의 세계대전이 세계를 지배하려는 독일의 헛된 야심에서 비롯되었음을 알고 있습니다. … 전쟁 기간 동안 14세기에 몽고가 침입한 이후로 유례가 없던 범죄와 대학살이 자행되었습니다. … 죄인은 마땅히 벌을 받아야 합니다. 그러나 모든 단죄가 끝나면 징벌은 마무리되어야 합니다.

… 이제 저는 여러분을 놀라게 할 말을 하고자 합니다. 유럽 가족의 재창조를 위한 첫 번째 단계는 프랑스와 독일의 협력입니다. 프랑스와 독일이 마음을 열지 않는 한 유럽의 부활은 없을 것입니다.

제2차 세계대전이 끝나고 독일 전범들의 재판이 진행 중이던 1946년, 처칠의 발언은 충격 그 자체였다. 청중들이 어리둥절해 있는 와중에 처칠은 이렇게 덧붙였다.

프랑스와 독일의 협력을 시작으로 국제연합기구의 세계 구상에 따라 우리는 유럽합중국이라고 부를 수 있는 구도 안에서 유럽 가족을 재창조해야합니다.

처칠은 제1차 세계대전 이후 독일을 전범국가로만 취급한 결과 독일 국민들의 분노와 절망의 결과가 어떠했는가를 유럽인들에게 상기시켰다. 처칠이 전후 유럽에 대한 구상을 밝히고 5년 뒤인 1951년, 파리에서 역사적인 조약이 체결되었다. 프랑스의 로베르 쉬망Robert Schuman과 독일의 콘라트 아데나워Konrad Adenauer의 주도로 성사된 유럽석탄철강공동체ECSC, European Coal and Steel Community가 바로 그것이다. ECSC는 유럽의 석탄과 철강 자원을 유럽 국가들이 공동으로 관리하자는 취지에서 설립되었다. 특히, 프랑스와 독일에 걸쳐 있는 알자스-로렌 지역의 석탄과 철강석은 대대로 분쟁의 씨앗이었다. 이 조약에는 프랑스와 독일을 비롯해 이탈리아, 벨기에, 네덜란드, 룩셈부르크도 함께 서명했다. 자원의 공동 관리로 출발한 ECSC는 조약에 서명한 6개국의 경제를 하나로 묶는 유럽경제공동체EEC, European Economic Community로 확대되었다. 유럽은 경제 통합을 넘어 하나의 국가라는 개념의 유럽연합EU으로 완성되었다. 2018년 현재 유럽연합의 회원국 수는 28개국이다. 처칠의 '항복한 적에 대한 관대함'과 미래를 내다보는 통찰력의 절묘한 조합이 유럽을 하나의 공동체로 만드는 데 영감을 주었던 것이다.

시대가 아무리 변하고 과학기술이 끝없이 발전한다 해도 사람은 혼자서는 살아갈 수 없다. 어느 사회건 조직이건 함께 가야 할 사람들이 있고 그 사람들을 이끌어야 할 리더가 필요하다. 자신의 역할을 충실히 함과 동시에 자신을 따르는 사람의 성공을 도와주는 리더가 앞으로 우리가 지향해야 할 리더의 모습이다. 국가 간에도 마찬가지다. 어느 한 국가가 모든 자원을 가지고 있지 못하고 모든 것을 생산할 수도 없다. 상품의 교역과 인적 자원의 교류를 통해 더불어 살아가야 한다. 처칠은 영국을 넘어 전 세계가 함께 발전하고 번영하기를 바랐다. 처칠은 그 목표를 이루기 위해 자신의 일생을 바쳤다.

2002년 11월 BBC 방송은 100만 명의 영국인에게 '역사상 가장 위대한 영국인'을 뽑아달라는 설문조사를 실시했다. 결과는 3위가 아이작 뉴턴Isaac Newton, 2위가 셰익스피어William Shakespeare, 1위가 윈스턴 처칠Winston Churchill이었다. 영국인들에게 처칠의 존재감과 영향력은 우리의 상상 그 이상이다. 런던에 국제처칠협회ICSC, International Churchill Society와 윈스턴 처칠 기념재단WCMT, Winston Churchill Memorial Trust이 있다. 미국과 영연방국가들을 중심으로 각국에 지부가 있다. 이 협회와 재단은 처칠의 생애와 업적을 사람들에게 알리는 일을 한다. 동시에 처칠의 저서와 연설을 연구하며 토론을 한다. 처칠에 비판적인 사람들은 제2차 세계대전이 없었다면 처칠은 그저 한물간 정치인으로 끝났을 거라는 주장을 한다. 하지만 임진왜란 때 이순신 장군이 있었기에 조선이 일본에 승리할 수 있었고, 윈스턴 처칠이 있었기에 연합군이 제2차 세계대전에서 승리할 수 있었다는 데에는 그 누구도 반대 의견을 제기하기 힘들 것이다. 미국의 국무장관이었던 헨리 키신저Henry Kissinger는 처칠을 추모하는 행사에서 이렇게 말했다.

윈스턴 처칠을 추모하는 이 강연에서 이런 점을 기억하는 것이 특별히 중요합니다. 모든 위대한 업적은 구체적 현실로 드러나기 전에 먼저 사람의 머릿속에 하나의 생각으로 들어 있었던 것입니다. 냉소적인 사람들은 결코 대성당을 짓지 못합니다. 우리의 미래는 우리를 이 지점까지 데려온 생각과 자세를 그대로 유지할 수 있는지의 여부에 달려 있는 것입니다.

내가 처칠에 관한 책을 쓰고자 한 이유 중의 하나는 사람들이 잘 모르는 처칠의 여러 모습을 알려주고 싶었기 때문이다. 그리고 지금 리더인 사람 또는 앞으로 리더가 될 사람들에게 처칠의 리더십을 들려주고 싶었다. 나는 "리더십, 처칠에게서 배우자"라는 주제로 강연을 하기 시작했다. 강연을 들은 사람들은 처칠의 삶과 그의 인생 철학, 리더로서의 여러 모습에 놀라워하고 감동도 했다. 내가 책으로 느꼈던 처칠에 대한 느낌과 감동을 사람들과 함께 공유할 수 있어서 흐뭇하고 보람도 있었다.

내가 처칠에 대한 강연을 하고 이렇게 책을 쓴 또 다른 이유는 사람들이 미래를 위한 준비를 하는 데 미력하나마 보탬이 되었으면 하는 바람 때문이다. 사회가 빠르게 변하고 국가 간의 이해관계가 첨예하게 대립할수록 리더의 역할은 그만큼 중요하기 때문이다. 과학과 기술이 진보할수록 사람의 지식이나 노동으로 하는 일은 갈수록 줄어든다. 머지않은 미래에 인공지능AI, Artificial Intelligence이 모든 분야에서 인간을 대신하는 시대가 올 것이라고 한다. AI로 무장한 로봇이나 기계에 인간이 지배받는 공상과학 영화 속의 이야기가 실제로 벌어질 수도 있다고 우려하기도 한다. 그런 시대에 '미래 사회가 요구하는 리더십은 무엇일까?'라는 의문이 생긴다. 처칠은 자신의 수필에서 이렇게 말했다.

인간의 삶을 삶답게 만들어주는 데 크게 기여했던 과학은 자비와 동정, 평화와 사랑이라는 은총과 함께하지 않는 한, 인류를 멸망의 길로 내몰 수도 있다. … 물질적인 풍요도 인류의 이성이 눈뜬 이래로 품어온 단순한 질문에 대한 해답을 풀어주지 못했다. "우리는 왜 존재하는가? 인생의 목적은 무엇인가? 우리는 어디로 가는 것일까?" 끝을 알 수 없는 물질적인 진보와 확대되어가기만 하는 인간의 능력조차도 영혼에 안식을 가져다주지는 못하는 것이다. 바로 이러한 자각이 있음으로 해서 우리는 희망을 가질 수 있는 것인지도 모르겠다.

1930년대에 쓰여진 처칠의 말은 지금도 유효하다. 처칠의 리더십을 세 단어로 요약하면 '사랑'과 '자유' 그리고 '공생'이다. 처칠은 인간을 사랑했고, 자유로운 세상을 만들기 위해 소신을 지켰으며, 공생을 통해서 더불어 살아가는 방법을 찾고자 노력했다. 인간에 대한 사랑을 품고 자유로운 환경에서 함께하는 사람들의 성공을 도와주는 리더, 그런 리더가 미래를 이끌어갈 수 있도록 나의 처칠에 대한 연구와 처칠 리더십의 전파는 계속될 것이다.

윈스턴 처칠 연혁

1874년 11월 30일 블레넘궁에서 영국 귀족 가문 출신의 랜돌프 처칠 경과 미국 금융 재벌 가문의 제니 제롬 사이에서 장남으로 출생.

1888년 사립명문 해로 스쿨 입학.

1893년 9월 샌드허스트 육군사관학교 입학.

1894년 12월 샌드허스트 육군사관학교 졸업.

1895년 1월 24일 아버지 랜돌프 처칠 경 사망.

1895년 2월 제4경기병 연대에 입대.

1895년 11월 쿠바 전쟁에서 스페인군 소속 종군기자 신분으로 참전함.

1896년 영국 식민지 인도에 배속받고 독서를 통해 다양한 분야의 학문을 독학하기 시작함.

1897년 말라칸드 야전군 소속으로 인도 아프가니스탄 접경지에 투입되어 반란군 진압에 참여

1898년 반란군을 진압한 내용을 주제로 한 『말라칸드 야전군 이야기』가 책으로 출간됨. 키치너 장군의 수단 원정대 소속으로 역사상 마지막 기병 전투로 기록되는 옴두르만 전투에 참가함.

1899년 남아프리카 보어 전쟁에 종군기자로 참전하여 부상당한 아군을 구하고 보어군에 잡혀 포로가 됨. 포로수용소 탈출에 성공하여 전쟁영웅이 됨.

1900년 올덤에서 보수당 소속 하원의원에 당선.

1904년 '보호무역주의'를 주창하는 보수당을 탈당하여 '자유무역주의'를 신봉하는 자유당으로 당적을 옮김.

1906년 식민지부 차관에 임명됨.

1908년 통상장관에 취임. 클레멘타인 호지어와 결혼.

1910년 내무장관에 취임.

1911년 해군장관에 취임하여 함대의 현대화에 앞장섬. 독일과의 전쟁 예측, 전쟁에 대비해 전차 개발 및 전차부대 배치 노력.

1914년 제1차 세계대전 발발.

1915년 다르다넬스 해전 참패의 책임을 지고 해군장관 사임. 프랑스 지역 최전방에서 육군 중령으로 전투에 참가함.

1917년 군수장관 취임.

1919년 공군장관 겸 육군장관 취임.

1921년 식민지부 장관 취임.

1924년 소련에 대한 혼선으로 붕괴한 자유당을 탈당하여 보수당으로 복귀함. 아버지 랜돌프 처칠 경이 역임한 재무장관에 취임.

1929년 주식시장 붕괴로 촉발된 대공황으로 인해 주식에 투자한 모든 돈을 날림.

1931년 뉴욕에서 자동차 사고로 중상을 입고 10개월간 입원 치료 후 퇴원.

1939년 제2차 세계대전이 일어나자 해군장관으로 복귀.

1940년 5월 10일 독일의 영국 침공이 임박한 시기에 수상에 취임.

1941년 6월 독일이 소련을 침공하자 소련이 연합군으로 참전함.

1941년 8월 대서양 한가운데에서 미국 루스벨트 대통령을 만나 국제연합의 기초가 되는 '대서양 헌장'을 발표함.

1941년 12월 7일 일본의 진주만 공습으로 미국도 연합군으로 참전.

1942년 8월 모스크바에서 스탈린과 만남.

1945년 5월 제2차 세계대전 승리.

1945년 7월 총선에서 보수당의 참패로 인해 수상직에서 사임. 제2차 세계대전의 전후 처리와 관련하여 미국의 트루먼 대통령, 소련의 스탈린과 포츠담에서 회담 도중 영국으로 귀국함.

1946년 3월 미국 미주리주 풀턴에서 '철의 장막(iron curtain)' 연설.

1946년 9월 스위스 취리히 연설을 통해 프랑스와 독일과의 화해, 나아가 유럽 통합의 필요성을 역설함.

1951년 총선에서 보수당의 승리로 수상에 재취임함.

1953년 『제2차 세계대전』으로 노벨문학상 수상.

1955년 수상 사임.

1965년 1월 24일 91세를 일기로 런던에서 생을 마침. 엘리자베스 2세 여왕의 재가를 받아 국장으로 장례식이 치러짐.

참고문헌

단행본

그레첸 루빈 지음, 윤동구 옮김, 『처칠을 읽는 40가지 방법』, 고즈윈, 2007

김정진 지음, 『독서불패』, 자유로(새성), 2005

김헌수 지음, 『이야기 영국사』, 청아출판사, 2010

김형진 지음, 『WC15 처칠 방식으로 성공하라』, 메이문화, 2011

_____, 『협상은 전쟁이다』, 살림출판사, 2009

노무현 지음, 『리더십 이야기』, 행복한책읽기, 2015

도미니크 엔라이트 지음, 임정재 옮김, 『위트의 리더 윈스턴 처칠』, 한스컨텐츠, 2007

리샹 지음, 정광훈 옮김, 『중국제국쇠망사』, 웅진지식하우스, 2009

마크 힐리 지음, 이동훈 옮김, 『쿠르스크 1943』, 플래닛미디어, 2017

마키아벨리 지음, 강정인 옮김, 『군주론』, 까치, 2013

메이슨 커리 지음, 강주헌 옮김, 『리추얼』, 책읽는수요일, 2016

버락 오바마 지음, 이경식 옮김, 『내 아버지로부터의 꿈』, 랜덤하우스코리아, 2007

_____, 홍수원 옮김, 『담대한 희망』, 랜덤하우스코리아, 2007

베빈 알렉산더 지음, 함규진 옮김, 『히틀러는 왜 세계 정복에 실패했는가』, 홍익출판사, 2001

B. 잭 코플랜드 지음, 이재범 옮김, 『앨런 튜링: 컴퓨터와 정보 시대의 개척자』, 지식함지, 2014

세드릭 미숑 지음, 백선희 옮김, 『윈스턴 처칠』, 동아일보사, 2003

스티븐 F. 헤이워드 지음, 김장권 옮김, 『지금 왜 처칠인가』, 중앙M&B, 1998

스티븐 맨스필드 지음, 김정수 옮김, 『윈스턴 처칠의 리더십』, 청우, 2003

실리아 샌디스 · 조나단 리트만 지음, 박강순 옮김, 『우리는 결코 실패하지 않는다』, 한스미디어, 2004

아돌프 히틀러 지음, 이명성 옮김, 『나의 투쟁』, 홍신문화사, 2008

안네 프랑크 지음, 홍경호 옮김, 『안네의 일기』, 문학사상사, 2011

앤드류 로버츠 지음, 이은정 옮김, 『CEO 히틀러와 처칠, 리더십의 비밀』, Human & Books, 2003

앨런 액슬로드 지음, 구세희 옮김, 『인생, 전쟁처럼』, 21세기북스, 2010

에란 카츠 지음, 박미영 옮김, 『천재가 된 제롬』, 황금가지, 2007

윈스턴 처칠 지음, 강우영 옮김, 『처칠, 나의 청춘기』, 청목, 2012

_____, 조원영 옮김, 『폭풍의 한가운데』, 아침이슬, 2003

_____, 차병직 옮김, 『제2차 세계대전 상·하』, 까치, 2016

이기담 지음, 『공민왕과의 대화』, 고즈윈, 2005

이종훈 지음, 『세계를 바꾼 연설과 선언』, 서해문집, 2006

이흥환 지음, 『대통령의 욕조』, 삼인, 2015

전진한 지음, 『대통령 기록전쟁』, 한티재, 2016

정약용 지음, 『목민심서』, 창비, 2014

제임스 C. 흄스 지음, 이채진 옮김, 『링컨처럼 서서 처칠처럼 말하라』, 시아출판사, 2003

제프리 베스트 지음, 김태훈 옮김, 『절대 포기하지 않겠다』, 21세기북스, 2010

존 램스덴 지음, 이종인 옮김, 『처칠 세기의 영웅』, 을유문화사, 2004

존 루카치 지음, 홍수원 옮김, 『1940년 5월 런던의 5일』, 중심, 2000

존 맥스웰 지음, 전형철 옮김, 『리더의 조건』, 비즈니스북스, 2012

_____, 홍성화 옮김, 『리더십 불변의 법칙』, 비즈니스북스, 2016

존 미첨 지음, 이중순 옮김, 『처칠과 루스벨트』, 조선일보사, 2004

존 키건 지음, 조행복 옮김, 『1차세계대전사』, 청어람미디어, 2009

_____, 류한수 옮김, 『2차세계대전사』, 청어람미디어, 2007

존 피어슨 지음, 김기도 옮김, 『윈스턴 처칠가의 숨겨진 이야기들』, 고려원, 1992

짐 콜린스 지음, 이무열 옮김, 『좋은 기업을 넘어 위대한 기업으로』, 김영사, 2008

폴 존슨 지음, 원은주 옮김, 『윈스턴 처칠의 뜨거운 승리』, 주영사, 2010

플라톤 지음, 이환 옮김, 『국가론』, 돋을새김, 2011

헬게 헤세 지음, 박종대 옮김, 『처칠 스타일로 승부하라』, 북스코프, 2009

Winston S. Churchill, 『The Second World War』, Mariner Books, 1986

기사

"무역전쟁의 역사, 결과는 재앙뿐이었다", 〈머니투데이〉, 2018. 03. 09

"책 읽는 대통령을 보고싶다", 〈한국일보〉, 2017. 01. 26

"처칠 서거 50주년…템즈강서 장례식 재연", 〈연합뉴스〉, 2015. 01. 23

백과사전

"개인과 국가" 중 인민(people), 두산백과

"쿠르스크 전투", 위키백과

블로그

남북분열을 통합으로 이끈 링컨 〈게티즈버그 연설〉 속 설득과 수사 [언론중재위원회 조정을
위한 설득과 수사] | 작성자 언중위공감지기

[박혜숙의 영화로 보는 유럽역사] 29강. 미국 노예해방의 아버지 링컨 대통령과 게티즈버그
연설 | 작성자 sand0131 (네이버 주소 : http://blog.naver.com/sand0131/220721123439)

동영상

"대한뉴스 제504호 - 1965년 1월 30일", 〈유튜브〉

"우리는 왜 잠을 잘까요?", 러셀 포스터 TED강연, 〈TED Global 2013〉

"트라팔가르 해전과 대영제국의 해군", 〈유튜브-EBS 역사다큐〉

"한국 프로야구 레전드 10인 - 롯데의 혼 악바리 박정태", 〈유튜브-KBS N SPORTS〉

리더라면
처칠처럼

초판 1쇄 발행 | 2018년 5월 14일
초판 2쇄 발행 | 2020년 12월 1일

지은이 | 윤상모
펴낸이 | 김세영

펴낸곳 | 도서출판 플래닛미디어
주소 | 04029 서울시 마포구 잔다리로71 아내뜨빌딩 502호
전화 | 02-3143-3366
팩스 | 02-3143-3360
블로그 | http://blog.naver.com/planetmedia7
이메일 | webmaster@planetmedia.co.kr
출판등록 | 2005년 9월 12일 제313-2005-000197호

ISBN | 979-11-87822-20-2 03300